MANUEL

DE LA

BONNE CUISINIÈRE

enseignant

le Menu d'une bonne Cuisine bourgeoise moderne, du Nord & du Midi de la France, la connaissance des Viandes, de la Volaille, du Gibier et du Poisson, la confection des plats de Douceurs, Pâtisserie, Confitures, Conserves, etc., etc.

AVIGNON

AMÉDÉE CHAILLOT, ÉDITEUR

Place du Change, 5.

MANUEL

DE LA BONNE CUISINIÈRE

Avignon. — Imp. Chaillot, Place du Change

MANUEL

DE LA

BONNE CUISINIÈRE

enseignant

le Menu d'une bonne Cuisine bourgeoise moderne, du Nord & du Midi de la France, la connaissance des Viandes, de la Volaille, du Gibier et du Poisson, la confection des plats de Douceurs, Pâtisserie, Confitures, Conserves, etc., etc.

AVIGNON

AMÉDÉE CHAILLOT, ÉDITEUR

Place du Change, 5.

MANUEL

DE LA

BONNE CUISINIÈRE BOURGEOISE

DIVERSES PRÉPARATIONS POUR LA CUISINE.

Bouquet pour entrée.

Mettez une demi-feuille de laurier, une petite branche de céleri, et deux de persil, au milieu de quelques filets de carottes et ficelez le tout.

Liaison.

Délayez quelques jaunes d'œufs avec de l'eau, ou du lait ou du bouillon froid.

Glace.

Prenez un jarret de veau que vous aurez ficelé, mettez-le dans une casserole avec des parures de veau, quelques oignons et carottes en tranche, ciboules et persil en bouquet ; mouillez le tout avec de bon bouillon et quelque bon fond, faites écumer et rafraîchir à plusieurs reprises avec un peu d'eau fraîche : ne faites plus que mijoter votre glace jusqu'à ce que les viandes soient très-cuites ; ensuite passez-la dans un linge mouillé, et clarifiez-la en y ajoutant un blanc d'œuf bien fouetté. Cela fait, vous la passerez de nouveau, et la ferez réduire à forte consistance de sauce. Elle doit être d'un beau jaune bien transparent.

Essence d'ail.

Faites bouillir sept à huit gousses d'ail, autant de clous de girofle, le tiers d'une muscade, et une feuille de laurier, avec une bouteille de vin blanc, jusqu'à réduction d'un quart ; filtrez et conservez dans une bouteille bien bouchée.

Vinaigre à l'estragon.

Faites infuser pendant un mois 50 grammes de feuilles d'estragon récentes dans un litre de fort vinaigre ; ajoutez deux petits verres d'eau-de-vie, filtrez et conservez dans une bouteille bien bouchée.

Gelée.

Prenez une livre de tranche de bœuf sans graisse, coupez-la en gros dés, une vieille poule ou un vieux coq coupé en quatre ; un jarret de veau coupé aussi en morceaux ; mettez le tout dans une marmite, avec deux litres et demi ou trois litres d'eau, faites bouillir et écumez avec soin ; ajoutez deux grosses carottes, deux gros oignons, dont un piqué de deux clous de girofle, un pied de celeri et du sel ; faites bouillir à petit feu pendant quatre heures ; passez ensuite le bouillon et laissez-le refroidir ; mêlez-y deux blancs d'œufs battus ; et mettez-le sur le feu dans une casserole ; écumez et faites réduire ; éprouvez de temps en temps votre gelée en en laissant tomber quelque gouttes sur une assiette ou dans une cuiller ; si ces gouttes, en se refroidissant, prennent une bonne consistance, retirez la gelée du feu, passez-la et laissez-la refroidir.

Blanc.

Coupez en gros dés environ 5 becto de graisse de bœuf, et mettez-la dans une marmite avec des tranches de carottes et de citron sans peau ni pepins, un oignon entier, persil, ciboule, ail et girofle ; faites cuire votre graisse, sans qu'elle roussisse ; lorsquelle le sera presque, saupoudrez-la de deux pincées de farine, versez-y de l'eau et autant d'eau de sel qu'il en faut pour saler votre blanc. Faites-le bouilir, écumez-le, et tirez-le au clair après qu'il aura reposé.

Roux.

Mettez un morceau de beurre dans une casserole. Aussitôt qu'il est fondu, vous y ajoutez de la farine, en quantité proportionnée à la consistance que vous voulez donner à votre roux. Tenez votre casserole sur un feu un peu vif, jusqu'à ce que le roux ait commencé à prendre couleur ; ensuite vous ralentissez le feu et vous continuez à tourner jusqu'à ce que le roux ait pris une belle couleur cannelle clair, c'est le moment d'y passer ce que vous voulez mettre cuire avec ; mouillez ensuite.

Si vous faites ce roux à part pour lier quelque sauce, il faut mettre avec le beurre autant de farine qu'il en peut prendre.

Essence d'assaisonnement.

Mettez dans un poêlon de faïence une bouteille de vin blanc, une demi-bouteille de vinaigre, le jus de quatre citrons ; ajoutez huit onces de sel, deux onces de poivre en grains, un gros de girofle, un gros de muscade, un gros de macis, deux onces de mousserons séchés, six feuilles de laurier, une pincée de thym et de basilic, échalottes écrasées, une once de persil sec, et, si vous voulez, une gousse d'ail ; faites chauffer jusqu'à ébullition ; ensuite étouffez votre fourneau ; et tenez le tout chaudement, sans bouillir, pendant sept ou huit heures, en couvrant bien le poêlon ; ensuite passez avec expression, filtrez et conservez l'essence dans de petits flacons bien bouchés. Il en faut très peu pour assaisonner toutes sortes de sauces qui doivent être relevées.

Beurre d'anchois.

Pilez la chair de quelques anchois bien nettoyées et lavées, avec trois onces de beurre frais.

Braise grasse.

Mettez au fond de votre casserole deux bardes de lard, un oignon piqué de deux clous de girofle, une gousse d'ail, un bouquet, des parures de viande de boucherie, de volaille ou de gibier ; faites suer, mouillez avec du bouillon et du vin blanc ; couvrez bien votre casserole, et tenez-les sur le feu pendant quatre heures au moins et passez au tamis.

Braise maigre.

Mettez de la bonne huile ou un morceau de beurre, des tranches minces de carottes, un oignon, une gousse d'ail, de persil, une feuille de laurier, mouillez le tout avec du bouillon maigre et du vin blanc ; faites bouillir comme la précédente et passez.

Verjus.

Egrenez des grains de raisin qui ne sont pas encore transparens ; pilez-les et exprimez-en le jus en le tordant dans un linge, passez et repassez le jus à la chausse, jusqu'à ce qu'il soit tout-à-fait limpide ; ajoutez 50 grammes de sel blanc en poudre par litre de jus.

Sel épice.

Pilez ensemble 4 hecto de sel, un gros clou de girofle, un gros de noix muscade, deux feuilles de laurier, quelques grains de poivre et une pincée de chaque de coriandre, basilic sec, gingembre, canelle et maïs concassé. Après les avoir pilés bien finement ensemble, on les passe au tamis et on les conserve dans un bocal bien bouché.

Friture de Beignets.

On fait de la friture avec une infinité de choses :

de ris d'agneau, de débris de volaille, des pieds et de la tête de veau, de cervelle, de palais de bœuf. La viande doit être déjà cuite dans le bouillon ou dans le jus ; on la désosse et on la coupe par morceaux de la grosseur d'une noix ; on la marine dans un plat avec de l'huile, du jus de citron, du sel et des épices. Le merlan seul doit être mariné cru. On enduit chaque morceau d'une pâte composée comme nous dirons ci-après, et l'on fait frire à l'huile bien bouillante : on sert la friture toute chaude avec du persil qu'on a fait frire tout cru, et qu'on met dessus.

Pâte à frire.

Pour faire la pâte à frire, il faut délayer dans de l'eau une certaine quantité de farine, de manière que la pâte ne soit ni trop liquide, ni trop épaisse ; on l'assaisonne et on y met quelques gouttes d'huile ; on monte un blanc d'œuf et on le délaie dans la pâte à frire au moment de faire la friture.

POTAGES.

Bouillon gras.

La viande la meilleure est la culotte ou le grumeau de bœuf et la sellette de mouton ; on met ordinairement un litre d'eau pour une livre de viande ; moins celle-ci est mortifiée, plus elle a de suc ; lavez la viande avec de l'eau chaude avant de la mettre dans le pot ; lorsqu'elle commence à écumer, jetez-y un verre d'eau fraîche pour faire monter l'écume. Lorsqu'elle est écumée, salez, et jetez-y un bouquet formé d'un carotte, un cœur de laitue, un morceau de céleri, un porreau et un ognon piqué de deux clous de girofle ; ajoutez-y un morceau de petit salé, ou une petite saucisse dite à la florentine, ou de l'oie, selon ce que vous aurez à votre disposition ; faites bouillir à petit feu ; n'allongez jamais qu'avec de l'eau bouillante.

Bouillon maigre.

Faites bouillir des pois secs dans quantité suffisante d'eau, avec ognons, carottes et autres légumes ; retirez-les-en avant qu'il se mettent en purée, et tirez le bouillon au clair.

Consommé.

Dans le bouillon gras mettez une ou deux vieilles volailles, soit poule, dinde, etc., que vous aurez flambées et vidées, faites bouillir doucement et de côté dans une marmite, ajoutez un nouveau bouquet comme ci-dessus et toutes les carcasses, abatis et parures dont vous pourrez disposer, n'allongez qu'avec du bouillon ou de l'eau bouillante, et lorsque la viande est très-cuite, passez au tamis.

Julienne.

Mettez dans une casserole coupés en filets, une carotte, un navet, un porreau et un ognon, faites-les roussir dans un peu de bon bouillon gras, prenez en égale quantité de la laitue, du cerfeuil, de l'oseille et du céleri, lavez-les, coupez-les, et, faites-les également roussir, ajoutez-y, dans la saison, des petits pois et des fèves, mouillez avec du bon bouillon, faites cuire à petit feu, soit dans votre casserole, soit dans un pot, et versez votre julienne sur des tranches minces de pain.

Julienne maigre.

Préparez vos légumes de la même manière que ci-dessus, faites roussir avec de la bonne huile, et mouillez avec du bouillon maigre de légumes secs tels que, pois, lentilles, etc. ; continuez comme ci-dessus et faites mitonner votre potage avant de le servir.

Potage aux choux, aux navets ou aux céleris.

Faites blanchir vos choux, navets ou raves à l'eau bouillante après les avoir nettoyés et lavés ; après les avoir égouttés, mettez-les dans un pot avec un morceau de petit salé et faites-les cuire avec du bouillon gras à petit feu. Trempez des tranches de pain et faites mitonner. Servez les choux avec le potage. Le céleri se fait blanchir plus longtemps.

Bouillon de poisson.

Foncez une casserole avec de l'huile, un ail, un oignon, une carotte coupée, du céleri, un cœur de laitue, du cerfeuil, du persil, une feuille de laurier, du thym, sel et poivre, mettez-y toutes sortes de poissons, soit de mer, soit d'eau douce, couvrez d'eau et faites bouillir jusqu'à ce qu'ils soient très-cuits et passez au tamis.

Potage de poisson.

Délayez des jaunes d'œuf avec du bouillon de poisson ci-dessus, faites bouillir doucement et tournez avec une cuiller de bois ; lorsque cette liaison se forme, ôtez du feu et tournez toujours. Coupez dans un plat profond des morceaux de pain blanc un peu gros dans du bouillon de poisson bouillant, et versez-y votre liaison.

Soupe aux oignons.

Épluchez vos oignons, coupez-les dans une casserole avec de l'huile ou du beurre, faites les roussir, ajoutez de l'eau bouillante, salez, faites bouillir un quart-d'heure, ajoutez une liaison de jaunes d'œufs, versez le bouillon sur le pain et servez.

Potage aux herbes.

Prenez une poignée d'oseille, d'épinard, céleri, cerfeuil, laitue et poirée, lavez et passez-les sous le couteau, assaisonnez lorsqu'il commence à bouillir avec du sel, de l'ail et un oignon. Ajoutez une liaison de quatre jaunes d'œufs ; et versez sur du pain émincé arrosé de bonne huile.

Potage au riz.

Prenez un quarteron de riz plus ou moins, suivant la grandeur de votre potage, un quarteron pour quatre assiettes, lavez-le à l'eau tiède trois ou quatre fois en le frottant avec les mains : faites-le cuire à petit feu pendant trois heures avec du bon bouillon ; quand il est cuit, dégraissez-le, goûtez s'il est d'un bon sel, servez ni trop épais ni trop liquide.

Potage de riz au lait.

Lavez votre riz et mettez-le dans une casserole avec de l'eau et un grain de sel ; au moment où il va crever, vous l'égouttez et y ajoutez votre lait avec un peu d'écorce de citron, vous le laissez bouillir à petit feu en évitant qu'il se mette en pâte. Sucrez-le de bon goût avec quelques gouttes de fleur d'orange, et servez de suite.

Riz au lait d'amandes.

Préparez votre riz comme le précédent. Prenez un quarteron d'amandes douces par litre de lait, pilez-les après les avoir faites blanchir et en avoir ôté la peau, mettez-y un peu d'eau en les pilant, passez-le quatre ou cinq fois dans un passoir ou dans une serviette en les pressant fortement, et ajoutez votre lait d'amandes comme au précédent vous avez ajouté votre lait.

Potage aux pois chiches.

L'eau de rivière, de fontaine, de pluie ou de citerne est fort bonne pour faire cuire les pois chiches ; mais à défaut il faut les mettre tremper la veille dans de l'eau qui a servi à faire cuire des épinards. On les fait cuire dans un pot un peu serré, l'on a soin que l'écume ne verse point parce qu'elle facilite la cuisson ; on les garnit d'un oignon et d'un bouquet de bonnes herbes, on allonge avec de l'eau bouillante ; l'on arrose le pain avec de la bonne huile et l'on trempe.

Soupe à la poële.

Faites roussir dans une poële à frire, de l'oignon ou de l'ail coupé en morceaux, avec de l'huile ou du beurre, mouillez avec un bouillon doux de sel, faites bouillir à grand feu, versez dans votre soupière, où vous aurez coupez des tranches de pain et faites mitonner.

PURÉES.

Purées pour tous les légumes.

Mettez dans un pot un morceau de petit salé, un clou de girofle, parures de viande et des restes de volaille ; faites suer un instant vos viandes dans du bon bouillon, mettez-les ensuite dans votre pot avec vos légumes, faites cuire à petit feu. Lorsque les légumes sont cuits, vous enlevez les viandes, et les passez au tamis. Au moment de servir, vous dégraissez et jetez votre purée bouillante sur des croûtes de pain.

Purée maigre de légumes.

La purée maigre de légumes se fait de la même manière que celle ci-dessus en mettant un morceau de beurre au lieu de viande, et en mouillant avec du bouillon de pois ou de lentilles.

Purée de racines, maigres.

Vous émincez douze carottes, deux oignons, douze navets ; vous faites blanchir le tout avec quelques branches de céleri, vous égouttez et jetez dans de l'eau fraiche, ensuite dans une passoire. Vous ferez cuire ensuite à petit feu. Lorsque vos racines seront cuites, vous passez au tamis, et faites mijoter votre purée dans une casserole avec huile ou beurre, enterrée dans de la cendre chaude.

Purée de racines, au gras.

Le même procédé, en mettant quelques cuillerées de bon bouillon, au lieu d'huile ou de beurre.

Purée aux tomates.

Otez l'eau et les graines de vos tomates, placez dans un casserole ; lorsque vos tomates sont cuites, mouillez avec du bouillon, faites bouillir lentement, ôtez la viande et passez au tamis.

Purée d'oseille.

Faites fondre du beurre et du lard haché dans une casserole ; et jetez-y vos feuilles d'oseilles, après qu'elles ont été blanchies, rafraichies et pressées dans vos mains, ensuite hachées et pilées ; remuez-les un instant sur le feu pendant qu'elles bouillent ; mouillez avec du bon bouillon, ou de l'espagnole, et les laissez cuire pendant trois-quarts d'heure.

Purée d'oignons.

Épluchez trente ou quarante oignons que vous placerez dans une casserole sur une tranche de jambon avec un peu de lard haché ; quand ils seront bien fondus, vous y mettrez quatre cuillerées de velouté, vous ferez réduire votre purée sur un feu ardent, en le remuant avec une écuelle de bois, lorsqu'elle sera assez épaissie, passez au tamis.

Purée de carottes.

Emincez douze carottes et deux oignons ; mettez-les dans une casserole avec du lard et du jambon ; quand vos racines commencent à se fondre, mouille avec bouillon, ajoutez une cuillerée de caramel, et faites cuire à très-petit feu, mettez-les ensuite dans une passoire à petits trous, et faites les passer à travers en les écrasant avec une cuiller en les mouillant de temps en temps avec un peu de leur jus. Mettez la purée dans une casserole avec le reste de leur jus, faites réduire et dégraissez avant de servir.

Purée de navets.

Emincez suffisante quantité de navets ; mettez dans une casserole du lard et du jambon avec une cuillerée de sucre en poudre, passez-y vos navets jusqu'à ce qu'ils aient pris une belle couleur ; mouillez-les alors avec un peu de jus, ou, si vous n'en avez pas, avec du fond de cuisson ou du bon bouillon, auquel vous ajouterez un demi-verre de vin blanc ; faites réduire, et quand les navets sont bien fondus, passez-les au tamis, en les arrosant avec leur mouillement, s'il y en a ; si la purée est trop claire, faites-la réduire.

Purée de marrons.

Mettez dans une marmite, avec du bouillon ou du consommé de bons marrons cuits à l'eau, et débarrassés de leur épiderme ; faites-les bouillir, égoutez-les ensuite et les pilez au mortier ; passez la purée en l'arrosant avec son propre bouillon, faites-la cuire pendant quelques heures dans la casserole avec du bouillon gras ou du consommé ; dégraissez-la. On la sert sur un mitonnage, ou avec des croûtons au beurre ; il convient de la sucrer légèrement.

SAUCES, FARCES, MARINADES, ETC.

Jus gras.

Mettez au fond de votre casserole une barde de ard, une tranche de jambon et des tranches de bœuf, des carottes et de l'oignon émincés ; lorsque la viande commencera à suer, mouillez avec bon bouillon, peignez vos viandes avec un couteau, couvrez votre casserole et faites bon feu, Lorsqu'il s'attachera, mouillez encore avec du bon bouillon, assaisonnez, faites petit feu, et ne retirez que lorsque les viandes seront cuites et qu'elles s'attacheront, passez alors votre jus qui doit vous servir à donner une belle couleur à vos potages et ragoûts.

Sauce espagnole.

Placez au fond de la casserole une barde de lard, des tranches de jambon et une tranche de veau, des débris de volaille, du persil, une gousse d'ail ou d'oignon, deux carottes, deux clous de girofle, une feuille de laurier, et deux cuillerées d'huile, mouillez avec bon bouillon, et faites bon feu ; après réduction de moitié, ajoutez un verre de vin blanc, piquez les viandes et laissez bouillir à petit feu ; après quoi, retirez la casserole, ajoutez de bon jus ou du coulis, et quelques tranches de citron, dégraissez et passez au tamis.

Sauce italienne.

Coupez du jambon, du veau en gros dez, des débris de volaille, deux carottes, un oignon, deux clous de girofle, faites roussir, mouillez ensuite avec du vin blanc, ajoutez deux tranches de citron sans pepin ni blanc, mouillez avec bon bouillon, dégraissez et passez au tamis.

Sauce provençale.

Mettez dans une casserole deux cuillerées d'huile fine, de l'échalotte et champignons hachés, deux gousses d'ail entières ; passez le tout sur le feu, mettez-y une pincée de farine, et mouillez ensuite avec du bouillon et un verre de vin blanc, sel, gros poivre, un bouquet de persil, ciboule, faites bouillir cette sauce à petit feu pendant un demi heure, dégraissez-la et ne laissez d'huile que ce qu'il faut pour qu'elle soit perlée et légère ; ôtez le bouquet et les deux gousses d'ail ; servez avec ce que vous jugerez à propos.

Sauce au citron.

Pressez dans une casserole le jus de deux citrons, salez-les un peu, versez-y goutte à goutte deux cuillerées d'excellente huile en le remuant.

Béchamelle.

Mettez dans une casserole huit cuillerées de velouté, ajoutez-y trois cuillerées de consommé, faites réduire à grand feu, et toujours en tournant votre sauce, ces onze cuillerées à cinq seulement ; ayez trois litres de crème, que vous ferez réduire sur le fourneau à moitié : ayez soin de tourner votre crème, et de gratter le fond de votre casserole, pour qu'elle ne s'attache pas et ne prenne pas le goût du gratin, votre velouté et votre crème réduits, mettez le tout ensemble, et faites bouillir à grand feu ; tournez toujours votre sauce, afin qu'elle ne s'attache point ; après avoir tourné votre béchamelle près d'une heure, si votre sauce se trouve assez liée, vous la passerez à l'étamine.

Remoulade languedocienne.

Ayez plein un verre moutarde que vous délayerez dans un vase, ajoutez-y six cuillerées d'huile, trois de vinaigre, de sel et de poivre ; hachez du persil, deux échalottes, un oignon et une gousse et trois jaunes d'œufs durcis, et vous pilerez le tout ensemble dans un mortier.

Remoulade provençale.

Hachez persil, capres et oignons, mettez une pincée de chaque sur chaque jaune d'œuf ; pilez le tout dans un mortier avec une queue d'anchoix : on mêle en ajoutant de l'huile goutte à goutte, jusqu'à ce que l'on ait fait une pommade très-épaisse. on peut y ajouter un peu d'ail, si on ne le craint pas. On assaisonne avec un jus de citron.

Sauce tomate.

Vous mettez vos tomates dans une casserole, après y avoir ôté les graines et l'eau, vous les poserez sur une tranche de jambon, et y ajouterez quelques débris de viande, un oignon, deux carottes, un clou de girofle et du céleri et assaisonnerez ; vous les ferez cuire et réduire à petit feu, mouillerez avec bon bouillon, et lorsqu'elle sera assez épaissie vous la retirerez du feu, la passerez en la pressant fortement, et avant de servir vous y ferez fondre gros comme une noix de beurre.

Sauce blanche à l'eau.

Mettez 100 grammes de beurre et 30 de farine dans une casserole, faites boullir à petit feu, mouillez avec de l'eau bouillante, tournez jusqu'à ce que la sauce bouille, ajoutez deux tranches de citron, et passez au tamis.

Sauce Robert.

Mettez dans une casserole du jambon et d avec une cuiller à bouche de farine ; faites votre farine à petit feu ; quand elle est de bel leur mettez-y trois gros oignons hachés très du beurre suffisamment pour faire cuire l'oig mouillez ensuite avec du bouillon, dégrais sauce et la laissez bouillir une demi-heure. Q vous êtes prêt à servir, mettez-y sel, gros po filet de vinaigre et de moutarde ; vous vous s rez de cette sauce pour le porc frais et le dind

Sauce à la Maître d'hôtel.

Mettez un quarteron de beurre dans une ca role, du persil et des échalottes hachés très-me du sel, et du poivre et un jus de citron ; vous lerez le tout ensemble. Au moment de ser vous versez votre sauce dessus, dessous, dans viandes ou poissons, à volonté.

Sauce à la tartare.

Mettez dans le fond d'un vase de terre deux trois échalottes hachées très-mince, un peu de cé feuil et d'estragon, de la moutarde, un filet vinaigre, du sel et du poivre ; arrosez ensuite lég rement votre sauce avec de bonne huile, et remue la toujours ; si elle se lie trop, jetez-y un peu vinaigre.

Ayoli ou beurre de Provence.

Faites tremper de la mie de pain dont vous ex

primez l'eau pour lui enlever le levain, ôtez le germe et la peau de deux gousses d'ail, faites blanchir six amandes douces et leur enlevez la peau, pilez le tout dans une mortier de bois, tournez longuement en y laissant tomber par intervalles de l'huile goutte à goutte. Pour l'adoucir on y ajoute un jaune d'œuf avant de tourner.

Sauce aux truffes.

Faites chauffer un instant dans une casserole où vous aurez mis une demi cuillerée d'huile et une échalotte hachée, quelques truffes coupées bien menues ; après réduction ajoutez un demi-verre de vin blanc, faites bouillir, mouillez de suite avec du jus et peu d'instants après, écumez.

Sauce pour les poissons d'eau douce.

Faites bouillir jusqu'à réduction d'un tiers, une bouteille de bon vin rouge, avec de l'oignon, un bouquet, ajoutez un verre de jus ; et mouillez avec le bouillon dans lequel votre poisson aura été cuit, passez au tamis, ajoutez un anchois haché, et un morceau de beurre.

Beurre noir.

Faites bouillir deux bonnes cuillerées de vinaigre, avec du sel et du poivre ; en même temps, faites chauffer du beurre dans une poêle, juqu'à ce qu'il ait pris une couleur très brune ; versez-le sur le vinaigre.

Garniture de haricots.

Faites cuire vos haricots, égouttez-les, mettez au fond d'une casserole, un anchois et des oignons hachés, deux cuillerées d'huile et une pincée de farine ; après la cuisson de l'oignon, mouillez avec du bon bouillon ou du jus, faites bouillir, mettez-y vos haricots, et faites continuer le bouillonnement à petit feu.

Garniture de carottes.

Ratissez, coupez en tranches et faites blanchir à l'eau bouillante vos carottes ; après les avoir égouttées, mettez-les dans une casserole avec un morceau de lard, un petit morceau de sucre, couvrez-les de bouillon, faites cuire à petit feu en couvrant bien la casserole. Après cuisson, enlevez le lard et mouillez avec du velouté.

Garniture de navets.

Après avoir ratissé et coupé vos navets en tranches, faites blanchir à l'eau bouillante, égouttez, mettez dans une casserole, et couvrez de bouillon, posez dessus une plaque de jambon, ajoutez du bouillon et couvrez la casserole ; après la cuisson à un feu modéré, mouillez avec de l'espagnole.

Garniture de pommes de terre.

Vous les choisirez petites et bien rondes ; pelez-les ; mettez-les cuire dans du jus gras ou maigre, et servez-vous-en pour garnir tel plat auquel elles puissent convenir, ou pour mettre dans le corps de certaines volailles en guise de marrons ou mêlées avec. Quand on veut les mettre sous un gigot ou toute autre viande à la broche, on commence par les faire cuire dans l'eau, ou mieux à l'étouffade, et on les place dans la lèchefrite pour leur faire prendre du goût et de la couleur, ou on les passe à la poêle à frire avec huile, beurre ou graisse.

Mitonnage.

Mettez dans une casserole un demi-verre de lait, et de la mie de pain blanc ; lorsqu'elle aura bu le lait en y trempant, mettez-la sur un feu doux et faites recuire jusqu'à ce qu'elle soit en pâte ferme ; liez avec deux jaunes d'œufs.

Farce au gratin.

Passez au feu 100 grammes de rouelle de veau, quatre au cinq foies de volaille ou de gibier, un morceau de lard, assaisonnez avec un demi gros de sel épicé, fines herbes et un morceau de beurre, au bout d'un quart-d'heure, retirez du feu, égouttez le beurre, laissez refroidir et hachez votre viande, la pilez et ajoutez la moitié moins de mitonnage que vous avez de viande ; pilez encore jusqu'à ce qu'il forme une pâte, dont on ne puisse distinguer les ingrédients qui la composent ; en les pilant, jetez-y par intervalles, un à un, deux ou trois jaunes d'œufs, et incorporez dans votre farce les blancs de vos œufs bien fouettés.

Godiveau.

Hachez en pâte de la noix sous-noix que vous aurez d'abord nettoyée de tous nerfs et peaux, et hachée le plus fin possible ; ajoutez-y le double de graisse de rognon de bœuf, sèche et cassante, que vous aurez de même nettoyée et hachée au préalable. Pilez le tout ensemble jusqu'à parfait malagame : assaisonnez-le ; et amollissez-le de même avec des œufs et de l'eau, en le pilant toujours.

Salpicon.

Les salpicons se font avec toutes sortes de chairs et de légumes, dont le choix est à volonté. Le point de précepte est que, viandes et légumes, tout soit cuit avant d'opérer le mélange.

Il y a un salpicon ordinaire que l'on fait ainsi : Prenez égale quantité de gorge de ris de veau, de foie gras ou demi-gras, de jambon, de champignons de truffes, et coupez le tout en petits dés égaux ; jetez-les dans de l'espagnole réduite, et passez-les sur le feu en les remuant. Il ne faut point qu'ils bouillent.

Cette recette servira de guide pour tous autres salpicons. Quoique les ingrédiens diffèrent, la méthode ne doit point changer.

Marinade au vinaigre.

Assaisonnez ce que vous voulez mariner avec du sel et du poivre; ajoutez dessus des tranches de citron, d'oignon, de carottes, une demi feuille de laurier, de l'ail, du persil, et répandez dessus un demi-verre de vinagire.

Marinade pour les poissons.

Mettez dans une casserole des tranches d'oignon, de carottes, de porreaux, une échalotte, du persil et un cœur de laitue, assaisonnez avec du sel épice, faites bouillir vingt minutes, écumez, faites cuire votre poisson avec.

BŒUF.

Bouilli de bœuf.

Le meilleur bouilli se prend dans la partie inférieure du corps qu'on appelle la culotte, que l'on désosse et que l'on ficelle ; on la fait écumer à grand feu dès qu'elle a un peu bouilli, on y met la même garniture qu'au bouillon gras ; lorsque le bouilli est assez cuit, on le sert entouré de persil en branches, une garniture d'oignons, ou de légumes, ou bien encore de petits pâtés. Il faut observer que si l'on veut avoir un bon bouilli, on doit se résigner à ne pas avoir un bon bouillon, c'est-à-dire qu'il ne faut pas laisser la marmite au feu plus de temps que la cuisson de la viande n'en exige ; au contraire, lorsqu'on tient à la qualité du bouillon, on laisse la marmite au feu jusqu'à ce que la viande s'en aille en charpie, et alors elle ne conserve plus aucun suc.

Bœuf à la mode.

Prenez un morceau de tranche de bœuf, désossez-le, piquez-le également de gros lard bien frais pétri avec du persil et des ciboules hachés, du sel fin, du poivre et des épices fines ; prenez une braisière ou une terrine dans laquelle vous mettrez du vin blanc, du petit lard coupé en morceaux, des échalottes hachées bien menu, de petits oignons entiers et des ronds de carottes, du gros poivre et un peu de sel ; posez votre tranche sur ces ingrédiens ; bouchez bien votre casserole et placez-la sur un feu doux ; faites mijoter pendant cinq à six heures, ajoutez une gousse d'ail cuite dans la cendre. Vous servirez votre bœuf avec son assaisonnement.

Aloyau à la broche.

Arrosez d'huile d'olive un aloyau dont vous aurez enlevé l'arête ; saupoudrez-le de sel fin, et mettez dessus quelques feuilles de laurier et des tranches d'oguon. Lorsqu'il sera mortifié pendant un, deux ou trois jours, selon la saison, embrochez le par le gros filet sans que le fer perce le filet mignon, enveloppez-le de gros papier beurré, et mettez le cuire à grand feu. L'usage est de servir à part une sauce hachée.

Filet de bœuf piqué à la broche.

Enlevez la peau nerveuse, la graisse et parez proprement votre filet, dont vous couperez la pointe ; piquez-le de lard par-dessus aux deux extrémités, et laissez le milieu sans être piqué ; faites-le mariner pendant plusieurs jours avec de l'huile, oignons, persil, jus de citron, canelle ; troussez-le en forme de *S* ou en rond, ou encore en fer à cheval, et faites-le cuire à la broche devant un feu vif, d'une belle couleur ; mettez alors dessous la sauce que vous jugerez la plus propre à relever votre bœuf.

Filet de bœuf aux légumes.

Préparez votre filet comme ci-dessus, et mettez-le cuire dans une casserole avec quelques carottes et oignons, des bardes de lard, un bouquet de persil, du vin blanc, du bouillon et un peu de sel ; faites-le partir sur un bon feu ; couvrez votre casserole, chargez-la de charbons ardens, et diminuez le feu de dessous. Lorsque votre viande sera cuite, passez le fond, prenez-en une partie, que vous ferez réduire avec un peu d'espagnole, et mettez dedans vos légumes cuits séparément, tels que concombres, chicorée, etc. Ce filet peut aussi se servir sur une sauce tomate.

Bifteck aux pommes de terre.

Coupez par tranches d'un bon doigt d'épaisseur, un morceau de filet de bœuf, aplati à l'épaisseur d'un centimètre, marinez avec des épices, un peu d'huile, du persil et de l'oignon haché et de jus de citron ; quelques moments avant de servir le bifteck, il faut mettre la viande sur le gril par un feu ardent.

On le sert avec une sauce à l'anchois, ou avec des pommes de terre passées à la poêle avec du beurre et de fines herbes.

Noix de bœuf braisée.

Faites en sorte que votre noix soit bien découverte : comme la viande en est sèche, vous la piquerez de gros lardons bien assaisonnés ; ficelez la et mettez-la cuire dans une casserole avec sel d'épice, ail et girofle ; arrosez-la de vin blanc, de bouillon, et salez un peu. Mettez en même temps des carottes, attendez que votre viande soit à moitié cuite pour mettre les oignons. Alors vous diminuerez le feu de dessous et vous en mettrez dessus modérément. Lorsque la noix sera cuite, vous la dresserez sur un plat et la borderez avec les carottes et ognons que vous placerez avec la moitié de votre fond, ayant eu soin de le faire réduire à cet effet : passez l'autre moitié et arrosez-en votre noix.

Langues de bœuf à diverses sauces.

Faites dégorger votre langue et blanchir ensuite pendant une demi-heure ; mettez-la ensuite rafraîchir ; lorsqu'elle sera refroidie, vous la parerez ; prenez des lardons que vous assaisonnerez avec du sel, du gros poivre, des quatre épices, du persil et des ciboules hachés très-menu, piquez-en votre langue, et faites-la cuire, avec un assaisonnement et des fines herbes, dans une casserole, avec quelques bardes de lard, quelques tranches de veau et de bœuf, carottes, oignons, épices diverses ; mouillez votre cuisson avec du bouillon, laissez cuire votre langue à petit feu pendant quatre heures ; au moment de la servir vous ôtez la peau de dessus, et ajoutez la sauce qui vous conviendra, ou des cornichons à l'entrée arrosés d'une sauce piquante.

Palais de bœuf à la poulette.

Préparez des palais de bœuf, et faites-les cuire dans quelques cuillerées ou de velouté ou de coulis blanc ; égouttez-les, coupez-les par morceaux ronds ou par filets, et préparez-les très légèrement ; avant de servir, mettez dans vos palais, de bon beurre, un peu de jus de citron, du persil haché ; liez le tout avec des jaunes d'œufs et de la crême délayés ensemble. Remettez sur le feu, en faisant bien attention de ne pas laisser bouillir, car la sauce tournerait en huile.

Côte de bœuf à la marseillaise.

Mettez dans une casserole une côte de bœuf, avec quatre cuillerées d'huile fine, sur un feu vif ; rétournez-la plusieurs fois jusqu'à ce qu'elle ait pris couleur ; mettez-la ensuite sur un feu doux, et laissez-la cuire. Lorsqu'elle est cuite, vous la dresserez à sec sur un plat. Vous avez préparé à l'avance de gros oignons que vous coupez en deux, ensuite en tranches minces ; vous remettez un peu d'huile dans la casserole, et quand elle est bien chaude, vous y jetez votre oignon que vous faites frire, quand il a pris une belle couleur, vous ajoutez quelques cuillerées de vinaigre ou de la moutarde, du sel et du poivre, et un peu de bouillon, et vous versez le tout sur votre côte.

Gras double à la provençale.

Il faut prendre du gras double bien épais, le faire blanchir et le bien ratisser, le jeter ensuite dans l'eau bouillante, le nettoyer, et le faire cuire dans une troisième eau, que vous aurez assaisonnée avec un bouquet de sel, un oignon, un clou de girofle, et un morceau de petit salé ; il faut ensuite le couper en morceaux de quatre doigts, le mettre dans une casserole avec du lard haché, une tranche de jambon ; on ajoute du persil, de l'ail haché ; on le mouille avec l'eau dans laquelle il a cuit ; on le lie avec un ou deux œufs, on y ajoute du fromage de gruyère râpé, du jus de citron et l'on sert bien chaud.

Rognon de bœuf à la parisienne.

Coupez un rognon par filets minces, mettez-le sur le feu avec un morceau de beurre, sel, poivre, persil, ciboules et une pointe d'ail, hachés menu. Quand il est cuit, mettez-y un filet de vinaigre, un peu de coulis, ou, à défaut de coulis, un peu de bouillon gras, et ne laissez plus bouillir, de crainte qu'il ne se racornisse.

On peut encore le servir cuit à la braise avec une sauce piquante.

Culotte de bœuf au four, à la broche, en pâté.

Désossez une culotte, ou simplement un morceau

de culotte de bœuf ; lardez-la avec du gros lard pétri comme celui indiqué au *bœuf à la mode* ; assaisonnez-la de sel et de fines épices ; mettez-la dans une casserole proportionnée à sa grandeur avec du vin blanc ; bouchez-la bien avec un couvercle, dont vous enduirez les bords avec de la pâte ; mettez cuire au four pendant cinq ou six heures, dégraissez et servez avec la sauce.

On prépare de même la culotte qu'on veut mettre soit en pâté, soit à la broche : ainsi il est inutile de faire un article à part sur ces manières de l'accommoder.

Entre-côte au jus.

Le procédé pour ce mets est très simple, vous prenez la côte de bœuf qui se trouve sous le paleron, en la préparant de manière qu'il ne reste que l'os de la côte, que vous décharnerez ; battez-la ensuite pour l'amortir, et trempez votre côte dans de l'huile ou du beurre ; après l'avoir assaisonnée de sel et poivre, vous la faites griller de manière qu'elle ne brûle pas, mais qu'elle cuise à petit feu ; selon l'épaisseur de votre côte, il faut une demi-heure ou trois quarts d'heure, quand elle est cuite à son degré ; vous mettrez des cornichons hachés dans un coulis roux clarifié, et le verserez sur l'entrecôte. Si vous le jugez à propos, vous mettrez à la place une cuillerée de jus.

VEAU.

Tête de veau au naturel.

Prenez une tête de veau bien dégorgée, bien

échaudée et épluchée, plongez-la dans l'eau bouillante, et laissez-la blanchir pendant une demi-heure au moins, en écumant avec soin ; retirez et faites rafraîchir dans l'eau froide, ouvrez la mâchoire inférieure dont vous ôterez les deux ós, dépouillez la supérieure jusqu'aux yeux, desossez aussi le sommet de la tête jusqu'à l'œil, ôtez la peau de la langue, et placez la tête sur un linge blanc et fin, que vous contiendrez avec de la ficelle ; il sera bon avant de l'envelopper, de la frotter partout avec des tranches de citron, et de placer sur le linge des bardes de lard, quelques tranches d'oignon, des carottes et une feuille de laurier. La pièce étant enveloppée et ficelée, mettez-la dans une marmite, recouverte par l'eau dans laquelle vous jetterez une bonne poignée de farine, un morceau de beurre ou de lard râpé, un oignon piqué d'un clou de girofle, un gros bouquet et les tranches de citron qui ont servi à frotter la tête et leurs zestes sans les pepins ; faites cuire pendant près de trois à quatre heures ; quand vous voudrez servir, découvrez les cervelles.

Préparation de la cervelle de veau.

Enlevez la peau et les fibres de votre cervelle, après l'avoir bien épluchée faites-la dégorger dans l'eau froide ; vous la faites blanchir quelques minutes dans l'eau bouillante, dans laquelle vous aurez jeté du sel et du vinaigre, vous écumez, et après l'avoir égouttée vous la faites rafraîchir dans l'eau froide pour la raffermir.

Coquilles de ris ou de cervelles de veau.

Faites blanchir vos ris ou vos cervelles, coupez les à dés, faites-les cuire dans une casserole dans de l'huile, ajoutez des oignons, persil, truffes, le tout haché, tournez toujours votre sauce en mouillant avec du bouillon ; lorsque la cuisson est presque terminée, ajoutez quelques cuillerées de jus et de velouté, une pincée de farine, liez avec un jaune d'œuf, et exprimez un peu de jus de citron. Vous placez ensuite vos cervelles et votre sauce dans des coquilles enduites de beurre ou d'huile, vous les saupoudrez avec de la rapure de pain, et vous faites prendre couleur en mettant par-dessus les coquilles, un couvert avec du feu.

Oreilles de veau à l'italienne.

Échaudez des oreilles de veau : flambez-les, faites-les blanchir et rafraîchissez-les ; faites-les cuire ou dans un blanc ou dans une casserole foncée de bardes de lard ; mettez-y ces oreilles avec un bouquet, un oignon et quelques tranches de citron ; mouillez-les avec du consommé et de bon vin blanc ; couvrez vos oreilles de bardes de lard ; mettez dessus un rond de papier beurré : au bout d'une heure et demie, elles seront cuites ; vous les retirerez, les égoutterez, les essuierez, et ciselerez les bouts comme vous feriez d'une ciboule ; dressez et servez les sur une sauce à l'italienne.

Préparation du ris de veau.

Les ris de veau sont un manger très-délicat ; ils entrent de plus dans une infinité de ragoûts.

Vous les faites dégorger dans de l'eau tiède, et les faites blanchir un demi-quart d'heure dans l'eau bouillante, et vous les mettez dans tels ragouts que vous jugez à propos.

Ris de veau piqués.

Vous faites dégorger et blanchir quatre beaux ris de veau ; vous les piquez de lard par-dessus, et les faites cuire au four, dans une bonne réduction, pendant trois quarts d'heure ; vous les glacez d'une belle couleur, et les mettez sur de l'oseille, ou une sauce tomate.

Fricandeau de veau.

Prenez et faites mortifier la noix d'un cuisseau de veau ; aplatissez-la et piquez-la, et introduisez dans le sens de la viande de gros lardons bien assaisonnés ; faites-le dégorger deux heures dans l'eau fraiche ; et puis blanchir le lard tourné en dessous, retirez-les aux premières ébullitions, et faites-les égoutter sur un tamis ; faites cuire en mouillant avec du bouillon, en ayant soin de placer dessous une barde de lard et une tranche de jambon, joignez-y un bouquet, une demi feuille de laurier, une carotte et un oignon piqué d'un girofle, évitez que le mouillement couvre la partie piquée : terminez votre cuisson lentement, posez par dessus un papier graissé de beurre et un couvercle de cendre rouge ; quand votre fricandeau est cuit, retirez-le de la casserole pour bien dégraisser la sauce, la passez au tamis et la faites réduire par un feu un peu vif, en y ajoutant du jus et en la retournant dans les façons pour lui donner une couleur égale ; vous y placerez votre fricandeau, vous le glacerez du côté du lard et le dresserez sur le plat que vous devez servir avec la garniture qui vous conviendra. Le fricandeau doit être coupé avec une cuiller au contre-sens du fil de la viande, et non avec un couteau.

Côtelettes de veau en papillottes.

Faites-les mariner, ajoutez à la marinade une gousse d'ail écrasée ; faites la marinade un peu longue ; mettez chaque côtellette dans une feuille de papier huilée ; saupoudrez-les, de mie de pain et versez par-dessus le reste de la marinade ; couvrez avec une barde de lard ; pliez la feuille de papier par-dessus la côtelette ; retranchez ce qui est inutile dans les angles, et formez votre papillotte, en plissant et reployant les deux bords du papier, de manière que l'huile ne puisse pas sortir ; serrez le plus que vous pourrez la côtelette dans sa papillotte, et terminez les plis du côté de l'os, où vous les attacherez avec du gros fil ; faites griller à petit feu pour que le papier ne brûle pas. Servez dans les papillottes.

Veau rôti.

Piquez-le de lard, si vous voulez, et faites-le rôtir long-temps à un feu doux ; il doit être cuit, sans être desséché ; pour éviter la déperdition de ses sucs, lorsqu'il est embroché, il faut appliquer légèrement sur toutes les parties de la surface une pelle rouge, ce qui crispe les chairs et retient les sucs en dedans.

Blanquette de veau.

Taillez en petits morceaux les restes d'un carré ou d'une longe servie la veille, faites clarifier et réduire deux cuillerées à pot de coulis blanc ou de velouté, avec un peu de consommé ou de simple bouillon ; liez votre sauce avec des jaunes d'œuf ; et ajoutez du beurre frais selon la force du ragoût, du persil blanchi, du jus de citron ; jetez votre veau dans cette sauce et servez.

Rognons de veau au vin de Champagne.

On coupe les rognons par morceaux, on les fait sauter dans la poële avec des fines herbes et du beurre ; on met selon la quantité des rognons, un verre ou deux de vin blanc, qu'on fait réduire par une ébullition précipitée. On sert avec du jus de citron, en y ajoutant si l'on veut un peu de jus.

Fraise de veau.

Faites-la dégorger et blanchir à l'eau bouillante, retirez-la à l'eau froide, et laissez égoutter, faites-la cuire avec des bardes de lard, du vin blanc, du bouillon, un oignon piqué, un bouquet garni ; assaisonnez, faites cuire à petit feu, puis réduire la cuisson, ajoutez des cornichons et un filet de vinaigre, et servez pour hors-d'œuvre.

Foie de veau à la Provençale.

Faites fondre du lard dans une casserole, et faites-y cuire un foie de veau coupé par morceaux que vous avez assaisonné après cuisson ; ôtez-les de la casserole, dans laquelle vous jetterez une pincée de farine, et un moment après, un anchois, une gousse d'ail, une échalotte, du persil et des câpres, le tout haché, faites bouillir et réduire, jetez votre foie, et quelques moments après liez avec deux jaunes d'œuf, et ajoutez du suc de citron ou un filet de vinaigre.

MOUTON

Bouilli de mouton.

La sellette se coupe au même endroit où l'on coupe la culotte dans le bœuf ; c'est le meilleur morceau pour bouilli ; on le sert après qu'on en a ôté la peau ; on l'entoure de persil en branches.

On peut y verser dessus une sauce aux tomates ou toute autre, on l'entoure également de choux-croûte, de navets, ou de pommes de terre.

Carbonade à la Provençale.

Prenez une rouelle de mouton, lardez-la de gros lardons assaisonnés ; placez-la dans une casserole où vous aurez mis du lard haché, une carotte, un oignon piqué d'un clou de girofle ; faites roussir à petit feu, mouillez avec de l'eau bouillante si vous manquez de bouillon. Passez à la poêle des navets que vous aurez fait blanchir ; mettez-les dans la casserole, assaisonnez, continuez la cuisson à petit feu.

Côtelettes de mouton ou panées.

Ayez un carré de côtelettes bien mortifié, et levez la peau qui couvre le gras. coupez-les également, et marinez-les avec de l'huile, du sel et du poivre, mettez sur un gril posé sur un feu ardent, en ayant soin de placer le bout de la côtelette sur la partie charnue de celle qui se trouve à côté, pour que le jus se concentre dans la chair, tournez et servez de suite. On peut servir les côtelettes avec des sauces différentes. Si vous désirez les côtelettes panées, vous n'avez qu'à les paner et les griller à un feu ardent.

Gigot de mouton rôti.

Parez le manche et le bout du gigot ; contenez-le fixement sur la broche, et ne le présentez au feu que lorsqu'il estbien vif. Le mouton comme le bœuf qu'on fait rôtir, doivent être saisis d'abord par le feu, et il ne faut pas laisser languir à la broche ; mettez dans la lèchefrite du beurre fondu, et un peu de vinaigre et de sel ; arrosez souvent ; si on aime l'ail, mettez-en une gousse sous la peau, près du manche. Le temps que doit durer la cuisson ne peut être déterminé ; il dépend de la grosseur de la pièce, de l'activité du feu, et du degré de cuisson qu'on veut obtenir.

Poitrine de mouton braisée.

Vous coupez votre poitrine en morceaux longs, carrés ou ovales ; vous mettrez dans une casserole des bardes de lard ; vous y ajouterez des tranches de jambon, vos morceaux par-dessus, que vous couvrirez de lard ; vous y jetez deux carottes coupées en tranches, ainsi que trois ou quatre oignons aussi coupés, du laurier, du thym ; versez-y plein une cuiller à pot de bon bouillon ; vous les ferez mijoter pendant trois heures, feu dessus, feu dessous ; lorsque vous serez sur le point de servir, égouttez-les, et dressez-les en miroton sur votre plat, avec des épinards, de l'oseille et de la chicorée au milieu.

Carré de mouton à la poivrade.

Parez deux carrés de mouton, et piquez-les de lard ; vous les faites mariner un ou deux jours dans un demi-verre d'huile, le jus d'un citron, sel, poivre, aromates, deux oignons en tranches, et du persil en branches. Une heure avant de servir, vous les faites cuire à la broche, et les glacez d'une belle couleur ; servez avec une poivrade.

Pieds de mouton au naturel.

Faites cuire vos pieds de mouton ; écoulez-les, mettez-les dans une casserole dans du bouillon ou de l'eau bouillante, avec une plaque de lard, un bon bouquet, une feuille de laurier, un oignon piqué de girofle, un ail, faites bouillir : lorsqu'ils ont pris goût, on les retire, ont les fait égoutter et on les sert avec des fines herbes.

Rognons de mouton à la maître d'hôtel.

Coupez vos rognons en deux par derrière sans qu'ils soient séparés ; faites-leur quelques incisions en dedans ; marinez-les, passez au travers une brochette pour les fixer, et faites-les griller ; mettez-les ensuite dans une sauce à la maître d'hôtel.

Queues de mouton aux lentilles.

Etant cuites à la braise, elles se servent avec un coulis de lentilles et petit lard, ou un ragoût de choux et petit lard.

Queues de mouton au gratin.

Vous pouvez aussi les mettre au gratin ; pour lors il faut très-peu de sel dans la braise. Vous prenez le plat que vous devez servir, mettez dans le fond un peu de coulis et du parmesan ou du gruyère râpé ; arrangez les queues de mouton dessus ; mettez dessus les queues un peu de sauce et du fromage. Il faut les faire mijoter un quart-d'heure sur le feu, et passer la pelle rouge par-dessus pour les glacer ; servez de belle couleur à courte sauce.

Préparation de la cervelle de mouton.

Faites-les blanchir dans de l'eau un peu salée et avec un filet de vinaigre ; égouttez, faites-les refoidir et les essuyez.

Cervelle de mouton à l'étuvée.

Préparez vos cervelles comme ci-dessus, et faites-les cuire entre des bardes de lard, une douzaine de petits oignons blancs, deux clous de girofle, un bouquet, du petit-salé coupé en dés, assaisonnez avec sel épice, mouillez avec du vin blanc, couvrez votre casserole, faites réduire. La cuisson terminée, passez le fond de la sauce au tamis, ajoutez du coulis pour la lier : les cervelles dressées sur le plat, le petit-salé et les oignons autour, avec du croûton frit dans le beurre ou délayé dans la sauce, un anchois haché, une pincée de câpres fines entières pour les servir dessus.

On prépare aussi la cervelle de mouton comme celles de veau.

Langues de mouton grillées.

Faites-les dégorger à l'eau fraîche, blanchir et les faites ensuite cuire dans une marmite ; enlevez la peau, fendez-les en deux sans les séparer, et marinez-les ; panez-les avec de la mie de pain et servez avec une sauce piquante.

Foie de mouton à la languedocienne.

Faites le cuire à la poële avec de l'huile ou du lard ou du beurre, assaisonnez avec du sel, poivre et une demi-feuille de laurier ; après cuisson, retirez-les, et faites roussir dans le même fond de cuisson de petites tranches d'oignons, mouillez ensuite avec du bouillon ou de l'eau bouillante, assaisonnez ; faites réduire votre sauce ; remettez-y le foie, faites bouillir un instant ; liez avec deux jaunes d'œuf, et ajoutez un jus de citron ou un filet de vinaigre.

Longe de mouton à la Provençale.

Étant bien mortifiée, lardez de gros lard et faites-la cuire à la broche ; faites-la ensuite mijoter dans une provençale dans laquelle vous aurez mis le jus qu'a rendu la longe, et servez.

Tête d'agneau.

La manière la plus ordinaire de préparer et d'accommoder une ou deux têtes d'agneau à la fois est celle-ci : Après avoir ôté les machoires et le museau de vos têtes, vous les faites blanchir et cuire dans un blanc ; quand elles sont cuites, vous découvrez les cervelles et les passez dans un plat, et servez dessus une sauce à votre goût, comme sauce à l'espagnole, sauce à la ravigote, sauce à la poivrade, etc., etc. On peut aussi, à la place de sauce y mettre un ragoût de truffes, ou tel autre à son goût.

Filets d'agneau en blanquette.

Faites cuire cinq filets d'agneau à la broche, et laissez-les refoidir ; vous les coupez en blanquette et les mettez dans une casserole entre deux bardes de lard, laquelle vous mettez dans une étuve une heure avant de servir, afin que l'agneau chauffe doucement et ne se racornisse point. Au moment de servir, vous ôtez le lard et mettez vos filets dans une allemande liée avec deux jaunes d'œuf, un petit morceau de beurre et du jus de citron ; vous aurez soin de mettre parmi quelques champignons qui auront déjà été passés dans le beurre.

Épaules d'agneau aux truffes.

Désossez complètement deux épaules d'agneau ; assaisonnez-les dans l'intérieur de sel, gros poivre et un peu de muscade râpée ; lardez la chair aussi à l'intérieur avec des morceaux de truffes ; renversez les deux épaules l'une sur l'autre, rassemblez les chairs, de manière à leur donner la forme d'une boule aplatie, et cousez-les par le bord avec un carrelet et du gros fil ; piquez l'une des épaules avec du lard fin ; dessinez avec vos lardons une rosace ou tout autre chose ; foncez une casserole avec des bardes de lard et quelques tranches ou parures de veau ; placez-y votre boule ; ajoutez trois carottes, autant d'oignons, un bouquet garni, un verre de bouillon, un verre de vin blanc, sel et poivre ; ajoutez aussi les épluchures de vos truffes, fermez hermétiquement la casserole et faites cuire à petit feu : deux heures suffisent. Lorsqu'elles sont cuites, enlevez le ballon, ôtez les fils, et dressez-les sur le plat ; passez le fond de la cuisson, après l'avoir dégraissé, faites-le réduire, s'il est nécessaire, et versez sur le plat.

Préparation des ris d'agneau.

Faites les dégorger à l'eau fraiche, et après les avoir changés d'eau, faites-les blanchir et rafraîchir ensuite dans l'eau froide. Il faut ensuite les bien nettoyer et enlever la peau, la viande, et surtout les fils de laine qui pourraient y être encore attachés.

Ris d'agneau à l'anglaise.

Préparez comme ci-dessus, jetez-lès ensuite dans une casserole avec du lard haché et une cuillerée à pot de bouillon, un oignon piqué, un peu de poivre et de sel, un bouquet, un morceau de beurre fariné; faites-les mijoter une demi-heure ; ayez tout prêts deux ou trois œufs bien battus dans de la crême avec un peu de persil haché et de la muscade ; mettez-y quelques pointes d'asperges déjà bouillies et vos autres ingrédiens ; ayez grand soin d'empêcher qu'il se forme des grumeaux ; ajoutez un peu de jus de citron. Vous pouvez y ajouter, selon la saison, des pois nouveaux, ou des haricots verts.

Blanquette d'agneau.

Émincez un gigot, ou toute autre partie d'agneau rôti ; passez des champignons coupés par quartiers dans du beurre, et lorsqu'il commence à tourner en huile, ajoutez plus ou moins de farine, suivant l'étendue de votre blanquette ; tournez pour le bien mêler avec les champignons ; mouillez avec du jus blond, assaisonnez de sel et poivre, persil et ciboules non hachés ; mettez votre émincé dans la casserole, faites mijoter à petit feu pendant une demi-heure. Un instant avant de servir, ajoutez une liaison de deux jaunes d'œuf ; mêlez-la bien pour qu'elle ne tourne pas. Vous pouvez exprimer dans la blanquette le jus de la moitié d'un citron.

Côtelettes d'agneau à la parmesane.

Parez des côtelettes d'agneau ; saucez-les dans le beurre tiède, et panez-les avec de la mie de pain et du fromage de parmesan râpé. Battez deux œufs entiers, trempez-y vos côtelettes, et panez-les de nouveau avec de la mie de pain et du fromage ; passez-les au beurre, jusqu'à ce qu'elles soient cuites et de belle couleur. Servez à sec ou avec une sauce tomate.

Côtelettes d'agneau en papillottes.

Enveloppez-les dans du papier huilé : remplissez ce papier avec du lard, persil, échalottes et oignons hachés, pliez bien votre papier pour que le hachis ne s'échappe pas, et faites cuire à petit feu.

Rosbif d'agneau.

Faites blanchir légèrement un rosbif d'agneau, levez la peau des filets et du milieu des gigots ; piquez les parties découvertes de moyens lardons ; embrochez votre pièce, et enveloppez-la bien d'un papier beurré. Lorsqu'elle sera cuite, glacez les parties piquées, et servez avec un jus clair.

Oreilles d'agneau à divers légumes.

Ayez des oreilles d'agneau que vous ferez blanchir, et ensuite cuire dans une braise ou dans un blanc : quand elles seront bien cuites, vous les dresserez à volonté sur de l'oseille, de la chicorée ou d'autres légumes, ou enfin sur telle purée que bon vous semblera.

Fressure d'agneau au naturel.

Coupez par morceau votre fressure, mettez-les dans la poële à frire avec du lard râpé, ou du beurre ou de l'huile, en ayant soin d'y mettre premièrement le mou et le cœur parce qu'ils sont plus longs à cuire que le foie, assaisonnez, ajoutez un jus de citron ou un filet de vinaigne, et servez.

Carré d'agneau piqué en fricandeau.

Enlevez l'épine qui tient au filet et les peaux de dessus ; après avoir coupé votre pièce bien carré, les chairs à petit lard, faites blanchir, et après cuire dans une entrée piquée, et glacez comme au fricandeau, et servez avec une purée d'oseilles, ou toute autre ganiture.

Quartier d'agneau rôti.

Avant de le mettre à la broche, on le larde dans les chairs avec de gros lardons marinés à l'huile et quelques gousses d'ail coupées par tranches. On a soin, avant de servir, de mettre une feuille de papier blanc au bout du manche.

CHEVREAU.

Du chevreau.

On prépare le chevreau comme l'agneau ; on doit avoir soin, la viande en étant plus sèche, de piquer et flamber la gigue lorsqu'on la fait rôtir, et d'ajouter plus de feu, de lard et de jambon aux apprêts ; on ne doit pas faire blanchir les ris qui sont beaucoup plus délicats que ceux d'agneau, il faut donner du ton à l'assaisonnement, et moins épargner l'ail, la viande en étant plus fade.

COCHON.

Fromage de cochon.

Nettoyez et faites dégorger à l'eau froide une tête de cochon bien désossée, et faites-la prendre sel pendant vingt-quatre heures dans une terrine d'eau salée, en ayant soin de la retourner une fois. Coupez la ensuite par filets larges, en séparant le maigre d'avec le gras, en ayant soin de conserver la peau aussi entière que possible, et faites cuire dans un bouillon fait avec des pieds de cochon, ou toute autre salaison, en l'allongeant avec de l'eau, pour que le sel ne domine pas, assaisonnez avec poivre et épices, oignons piqués de girofle, carottes, une tête d'ail, laurier, basilic, thym, sauge, persil ; mettez le tout dans une marmite juste à sa grandeur, faites bouillir à petit feu, en mouillant avec du vin blanc. Lorsque votre fromage est cuit, retirez-le du feu, et laissez-le dans la cuisson jusqu'à ce qu'il soit presque tiède ; retirez-le alors pour le mettre dans un moule ou dans une casserole de fer blanc, où vous placerez les peaux comme pour servir d'enveloppe, et dessus un lit de maigre et un lit de gras, en entremêlant de tranches de truffes, du poivre, une pincée épices, feuilles de laurier, zeste de citron râpé et jus de citron chaque lit ; posez dessus une petite planche ou assiette, sur lequel vous mettrez un poids assez fort pour le comprimer, et quand vous voudrez sortir votre fromage, faites chauffer le fond du moule et renversez-le. Il est essentiel que ce moule ne soit pas en cuivre, car le meilleur étamage n'empêche pas la production du vert-de-gris à froid.

Côtelettes de cochon grillées et panées.

Coupez vos côtelettes comme celles de veau, en ayant soin de laisser un peu de gras ; aplatissez-les, donnez-leur une belle forme, saupoudrez-les de sel fin des deux côtés, et faites-les cuire sur le gril ; vous les servirez sur une sauce Robert ou une sauce piquante aux cornichons.

Côtelettes de cochon à la poële.

Mettez-les dans une poële ou sur une tourtière beurrée ; faites-les cuire dans leur jus, saupoudrez-les, pendant qu'elles cuisent, de mie de pain assaisonnée de fines herbes, sel et poivre. Mettez dans une casserole un peu de poivre et une pincée de farine ; passez-y des échalottes hachées ; mouillez avec du jus, ou avec le jus des côtelettes, sel et poivre ; faites lier avec un morceau de beurre manié avec de la farine ; au moment de servir, ajoutez une cuillerée de moutarde ; servez les côtelettes avec cette sauce.

Filets mignons.

Donnez-leur une forme ronde, et piquez-les pardessus. Mettez des bardes de lard dans une casserole, avec quelques tranches de veau, de carottes, des oignons, deux clous de girofle, un bouquet de persil et ciboules, thym et laurier ; placez-y vos filets, couvrez-les de deux épaisseurs de papier beurré ; ajoutez du bouillon ; mettez sur le feu ; au bout d'une heure, mettez du feu sur le couvercle ; au moment de servir, égouttez-les.

Oreilles de cochon à la Sainte-Menehould.

Faites-les cuire avec moitié bouillon et moitié vin rouge ou blanc, des carottes et oignons, dont un piqué de clous de girofle, un fort bouquet garni, gros poivre et du sel, si elles n'ont pas été mises auparavant dans la saumure. Lorsqu'elles sont cuites et refroidies, dorez-les avec du beurre tiède, et panez-les, couvrez-les ensuite avec de l'œuf battu, et panez une seconde fois ; faites prendre couleur sous un four de campagne. Servez avec une remoulade.

Pieds de cochon farcis.

Vos pieds étant cuits à demi froids, désossez-les, et fourrez dedans un salpicon de volaille assaisonné de truffes hachées ; enveloppez-les dans un morceau de crépine de grandeur appropriée, en ayant soin de leur conserver leur forme autant que possible. Vous les ferez griller sur un feu doux.

Langue de cochon à la sauce piquante.

Otez une partie du cornet de vos langues, échaudez-les et enlevez la première peau ; faites-les cuire dans une braise, et servez-les avec une sauce piquante.

Grosse pièce rôtie.

On appelle grosse pièce le quartier de cochon qui va jusqu'à la première côte près le rognon ; on le coupe en carré, couvert de sa couenne, que l'on cisèle, on passe des petits hatelets dans le flanc, et on les fait joindre jusqu'au filet, pour lui conserver sa forme ; ainsi préparé, on l'embroche. Il faut environ quatre heures pour le faire cuire.

Foie de cochon roti.

Coupez en morceaux carrés votre foie de cochon, lardez-le avec des truffes, enveloppez avec de la crépine, embrochez et faites rôtir à petit feu.

Jambon glacé.

Faites-le dessaler, et emballez-le comme un jambon au naturel ; mettez-le dans une braisière sur des parures de viande de boucherie avec tranches d'oignons et de carottes, persil, ciboules, thym, laurier, girofle, etc ; mouillez-le avec de l'eau, et quand il sera à moitié cuit, avec un verre de bonne eau-de-vie et une bouteille de vin de champagne. Vous aurez soin de ne plus couvrir votre braisière. Lorsqu'il sera cuit, vous enlèverez la couenne, et le glacerez, soit avec une réduction de veau, soit avec un peu de sucre en poudre, sur lequel vous passerez la pelle rouge.

Jambon aux tomates.

Faites roussir dans de l'huile des tranches de jambon. Otez-les après qu'elles sont roussies, pour les mettre dans un plat, dans de l'eau et un filet de vinaigre. Faites un roux avec de la farine et ce qui se trouve dans le fond de la casserole, après quelques minutes de cuisson à un feu modéré, placez-y vos tranches et de la sauce tomate.

POULARDE ET CHAPON.

Connaissance des poules, poulardes et chapons.

La poule doit être grasse et charnue ; on l'estime davantage quand elle a pondu ou qu'elle était près de pondre. Vous connaîtrez qu'elle n'est point vieille si elle a les pattes douces ; et quand elle est fraiche tuée, si elle a le croupion bien ferme.

L'âge et la fraicheur de la poularde se reconnaissent aux mêmes indices. Pour la qualité, vous l'apprécierez facilement au tact et à l'œil. Il faut que la poularde soit ferme quoique très grasse, qu'elle ait l'estomac large, et que la graisse ne tire point sur le jaune.

Un bon chapon a l'estomac extrêmement gras, le ventre épais, le croupion très renflé, la crête fort pâle ; examinez bien si ses pattes sont rudes au toucher : se serait un signe certain qu'il est tué depuis trop longtemps.

Manière de désosser la volaille.

Commencez à désosser par le dos, après avoir coupé les ailerons et les pattes au-dessus de la jointure des cuisses ; videz l'estomac par le cou, et avec vos doigts, enlevez-en la poche, fendez-en la peau depuis le cou jusqu'au croupion, et écartez-la pour couper intérieurement les jointures des ailes ; repliez le tout sur l'estomac, et après avoir détaché la peau du cou, dépouillez en tirant vers les cuisses, dont vous forcerez les jointures en les amenant sur le dos ; tirez ensuite toutes les viandes vers le croupion, dont vous coupez le bout ; enlevez alors tous les os et tous les nerfs.

Poularde en fricandeau.

Il faut piquer le dessus de votre poularde ; après l'avoir flambée et vidée, vous la remplissez avec des foies coupés en dés, du petit lard, des jaunes d'œufs. Cousez la poularde pour que rien ne sorte ; faites-la cuire comme un fricandeau, et la glacerez de même, et servirez avec toutes sortes de garnitures.

Poularde braisée.

Couchez les pattes sur les cuisses, et bridez-les de manière à faire bomber l'estomac ; foncez une casserole de bardes de lard ; passez votre poularde par-dessus, et couvrez-la avec des bardes de lard et quelques émincés de veau, ou des parures de viande, si vous en avez ; ajoutez une carotte coupée en tranches, deux oignons dont un piqué de deux clous de girofle, un bouquet garni, quelques tranches de citron sans blanc ni pepins, sel et poivre ; mouillez avec du bouillon et autant de vin blanc ; faites cuire à petit feu pendant une heure, dégraissez la cuisson, faites-la réduire, si elle est trop longue ; liez-la avec un peu de jus, si vous en avez, ou avec un morceau de beurre manié de farine ; et servez sous votre poularde.

Poularde au gros sel.

Flambez-la légèrement, et troussez-la, les pattes dans le corps, après les avoir passées sur le feu pour les éplucher, ficelez-la, et faites-la cuire dans la marmite ; il vaut mieux cependant la faire cuire à part dans un vase juste à sa grandeur, avec du bon bouillon, quelques racines, un bouquet de persil, une gousse d'ail, gros poivre et muscade râpée ; pas de sel, parce que le bouillon est salé ; il faut même que le bouillon soit peu salé à cause de la réduction. Lorsque la poularde est cuite, ce que l'on reconnaît lorsque l'aileron cède sous le doigt, on la retire et on la tient chaudement ; on passe la cuisson, on la fait réduire, et on la verse sous la poularde. On peut y ajouter un peu de jus ou de marmelade de tomate.

Blanquette de poularde.

Levez les chairs d'une poularde froide, rôtie, ou des restes d'une poularde, taillez-les par émincés, en ôtant les peaux et nerfs, ensuite faites réduire du velouté, dégraissez-le bien, et jetez-y votre émincé : ayez soin qu'il ne bouille pas. Vous lierez votre sauce avec un peu de crême ou de lait, un morceau de beurre, et vous ajoutez du jus de citron au moment de servir.

Hachis de poularde.

Levez toutes les chairs d'une poularde rôtie, ôtez-en tous les nerfs, hachez-les très fin, mêlez-y une vingtaine de marrons rôtis et pilés ; concassez les os et faites-les bouillir avec un bouquet, un oignon, un morceau de petit lard ; passez-en le jus au tamis ; faites roussir légèrement une demi-cuillerée de farine dans du beurre, mouillez avec le jus tiré des os ; faites un peu réduire, après avoir assaisonné de poivre et muscade râpée ; pas de sel, parce que le jus doit être assez salé. Au moment de servir, ajoutez une liaison de trois jaunes d'œufs ; mettez votre hachis dans la sauce, et tenez chaudement sans faire bouillir.

POULET.

Connaissance du poulet.

Il faut qu'un poulet soit bien charnu et le plus

gras possible ; qu'il ait la chair fine et blanche. On connaît qu'ils sont jeunes lorsqu'on leur voit les ergots très-courts. Mais il faut faire attention qu'on ne les leur ait point enlevés pour leur donner un air de jeunesse ; vous connaîtrez s'ils sont frais tués en examinant le croupion, qui doit être ferme et dur. Les poulets vieux tués ont au contraire le croupion peu ferme et tout ouvert.

Poulet en salade.

Coupez par membres un poulet rôti et froid, ou des restes de poulet ; sautez-les avec un assaisonnement de salade, des câpres et des filets de cornichons et d'anchois ; dressez les membres sur un plat que vous entourerez de cœurs de laitues, et décorez votre salade avec des quartiers d'œufs durs, les câpres et les filets d'anchois et de cornichons qui vous ont déjà servi.

Poulet à la tartare.

Troussez-le en poule, les pattes dedans, fendez-lui et applatissez-en les reins, faites-le revenir dans une casserole avec l'assaisonnement convenable ; mettez du feu dessous et laissez cuire. Avant de servir, vous tirerez le poulet de la casserole pour lui faire prendre couleur sur le gril ; dressez-le sur un plat avec une sauce à la tartare.

Poulet à la poële.

Flambez deux poulets, fendez-les en deux par le milieu de l'estomac, videz-les et les passez dans une casserole avec du lard haché, une pointe d'ail, quelques échalottes et champignons, du persil haché, saupoudrez d'une pincée de farine, mouillez avec un verre de vin blanc et autant de bouillon ; assaisonnez de bon goût, faites cuire et réduire à consistance de sauce ; dégraissez avant de servir.

Fricassée de poulet.

Flambez, épluchez, videz vos poulets, dépécez-les et faites les dégorger dans l'eau tiède pendant une heure en les changeant quelquefois d'eau, lavez encore une fois dans une eau presque bouillante, rafraîchissez encore, et séchez-les avec un linge ; ayez dans une casserole du lard râpé et une tranche de jambon, faites-y sauter vos poulets, après y avoir mis un peu de farine, un bouquet, un oignon piqué d'un girofle, assaisonnez, mouillez avec du bouillon, écumez, et faites cuire pendant près d'une heure. Avant de faire votre liaison de deux jaunes d'œuf, ajoutez à votre fricassée la garniture qui vous sera convenable, soit truffes, céleris, etc. Faites bouillir, ajoutez un petit morceau de beurre, retirez, et exprimez un jus de citron ; dressez vos poulets et répandez votre sauce dessus, et la garniture à l'entour.

DINDE ET DINDONNEAU.

Connaissance des dindes et dindonneaux.

Choisissez-les bien larges de l'estomac, bien gras et le plus blancs possible. Pour savoir si le dindon est jeune, voyez s'il a les pattes d'un beau noir, et les ergots petits : quelquefois on les lui ronge pour tromper sur son âge : faites bien attention à cela. Vous connaîtrez qu'il est nouvellement tué si vous lui trouvez les pattes flexibles et fraîches, les yeux pleins et brillants. Quand il est vieux tué, ses pattes sont sèches et dures, ses yeux ternes et enfoncés.

On connaît une poule-dinde tuée depuis plusieurs jours, aux mêmes indices que le dindon. Si elle est vieille, elle aura les pattes rudes et rouges ; si elle a pondu, le croupion sera molasse et ouvert.

Dinde truffée.

Faites une pâte avec du lard et des truffes pilées, assaisonnez-la, passez dans cette pâte quelques livres de truffes (de trois à cinq livres selon la grosseur de la pièce), que vous aurez auparavant fait passer un instant sur le feu dans du lard râpé. Mettez vos truffes ainsi préparées dans l'intérieur d'une dinde fraîchement saignée ; troussez-la, et suspendez-la, selon la température, pendant quelques jours, après l'avoir enveloppée dans du papier fort, puis dans un linge blanc, que vous cousez fortement pour que le parfum des truffes s'échappe le moins possible.

Dinde en daube.

Ce sont les vieux dindons qu'on met ordinairement en daube ; choisissez-en un qui soit bien en chair, piquez-le partout avec de gros lardons assaisonnés, coupez-lui les pattes, et bridez-le pour qu'il conserve une belle forme, mettez-le dans une braisière ou une terrine juste à sa grandeur, avec des bardes de lard dessous ; ajoutez les pattes épluchées, un fort jarret de veau coupé en autant de morceaux que vous pourrez, deux carottes fendues, quatre gros oignons, dont un piqué de trois clous de girofle, un panais coupé, quelques zestes de citron, un bouquet garni, sel, gros poivre, mouillez avec moitié bouillon et moitié vin blanc, couvrez hermétiquement, et faites cuire à petit feu pendant quatre heures ; quand le dindon est cuit, retirez la braisière du feu, et n'ôtez le dinde que lorsque la cuisson est un peu refroidie ; sans cette précaution il prendra une mauvaise couleur, passez la cuisson ; si elle est trop longue, faites-la réduire ; vous reconnaîtrez qu'elle est à son point, quand en en versant quelques gouttes sur une cuiller que vous exposerez à l'air, elles se prendront en gelée. Si vous voulez que votre gelée soit tout-à-fait transparente, il faut la clarifier ; à cet effet fouettez un blanc d'œuf et versez-le dans la gelée un peu plus que tiède, battez bien et mettez sur le feu ; quand la gelée aurez jeté quelques bouillons, passez-la à travers un tamis ou une serviette, laissez-la prendre et décorez-en le tour du plat sur lequel vous servirez votre dinde.

Dinde en galantine.

Désossez entièrement un dinde assez gros et gras, levez une partie des chairs de l'estomac et des cuisses, en retranchant de celles-ci tous les nerfs qui s'y trouvent, coupez en filets la moitié de la chair que vous avez levée sur le dindon, et hachez le reste ; prenez un morceau de veau d'un poids proportionné à la grosseur de votre dindon, et autant de lard bien gras ; coupez-en aussi la moitié en filets et en lardons, et hachez l'autre moitié ; préparez des filets de truffes, si vous voulez en mettre, et de langue à l'écarlate, étendez la peau du dindon, la chair en-dessus ; couvrez-la de la farce que vous avez faite en mêlant vos viandes hachées que vous avez assaisonnées de sel, poivre et épices ; sur cette couche, arrangez, en les entremêlant de filets de dindon, de lard, de truffes, de veau et de langue ; recouvrez d'une couche de farce ; mettez encore des filets, et ainsi de suite, jusqu'à ce que tout soit employé ; roulez la peau du dindon ; cousez-la pour que rien ne s'en échappe ; donnez à votre galantine une forme allongée ; couvrez-la de bardes de lard, et enveloppez-la d'une toile très-claire, que vous contiendrez avec une ficelle, ou que vous coudrez après l'avoir bien serrée ; mettez-la dans une braisière, ou dans tout autre vase juste à sa grandeur, avec des bardes de lard dessus et dessous ; ajoutez un fort jarret de veau coupé en morceaux, quatre carottes coupées et fendues, quatre oignons, dont un piqué de trois clous de girofle, un fort bouquet garni, sel, poivre et épices.

Pendant tous ces préparatifs, concassez la carcasse de votre dindon, mettez-la dans une casserole avec deux ou trois cuillerées à pot de bouillon ; faites bouillir pendant trois-quarts d'heure ou une heure ; passez le jus au tamis, et servez-vous-en pour mouiller votre galantine ; ajoutez un verre de vin blanc ; faites cuire à petit feu pendant quatre heures. Observez, pour retirer votre galantine et pour clarifier la gelée, ce qui est prescrit à l'article du dindon en daube.

Dinde à la bourgeoise.

Flambez et épluchez un dinde, aplatissez-lui un peu l'estomac, troussez les pattes, mettez dans une casserole du beurre, persil, ciboules, champignons, une pointe d'ail, le tout haché très-fin ; faites refaire votre dindon et mettez-le dans une casserole de grandeur convenable avec l'assaisonnement, sel et gros poivre ; couvrez l'estomac de bardes de lard, mouillez avec un verre de vin blanc, vous pourrez le remplacer par un demi-verre de bonne eau-de-vie ; faites cuire à petit feu ; vous dégraisserez et mettrez un peu de coulis dans la sauce pour la lier.

OIE.

Connaissance de l'oie.

L'oie qui a les pattes jaunes et beaucoup de duvet est jeune : les vieilles ont très peu de duvet, et leurs pattes tirent sur le rouge.

Lorsque les pattes de l'oie sont flexibles, c'est un signe certain qu'elle est tuée depuis peu de temps. C'en est un qu'elle est vieille tuée, si les pattes sont sèches et raides.

Les oisons du printemps sont bons à manger en mai et juin. On peut manger à cinq et même à six mois les oisons d'automne.

Oie à la daube.

Voyez dinde en daube.

Oie fumée.

Prenez une grosse oie d'automne ; séchez-en bien le dedans et le dehors avec un linge ; arrosez-la partout de vinaigre et frottez la avec du sel, du salpêtre et un quarteron de cassonnade. Quand elle est imprégnée de sel, laissez-la quinze jours dans cet état, ensuite séchez-la bien avec soin, cousez-la dans un linge et pendez-la pendant un mois à la cheminée ; alors vous la faites bouillir, et quand elle est cuite, vous la servez avec un sauce aux oignons ou sur un lit d'oseille.

Aiguillettes d'oie.

Coupez par filets de longs morceaux de trois ou quatre oies cuites à la broche, prenez le jus qu'elles auront jeté ; vous faites réduire de l'espagnole jusqu'à ce qu'elle soit épaisse ; versez-y le jus de vos oies ; faites chauffer votre sauce sans la faire bouillir, et versez-la sur vos aiguillettes.

CANARD.

Connaissance du canard.

Le ventre d'un canard frais tué est épais et dur,

quand il a été bien engraissé ; il a les pattes flexible comme l'oie ; elles sont ordinairement d'un jaune terne ; celles du canard sauvage sont rougeâtres et plus petites.

Canard farci à la broche.

Faites une farce composée du foie du canard, d'un morceau du veau, du lard et d'une mie de pain trempée dans le lait bouillant, de deux jaunes d'œufs et de truffes ; hachez-la, et placez-la dans l'intérieur de votre canard, faites cuire et servez comme ci-dessus.

Canard à la ménagère.

Faites roussir votre canard dans une casserole, avec des bardes de lard, une tranche de jambon, un morceau de beurre, une pincée de farine, un bouquet, un oignon piqué d'un girofle, assaisonnez, et mouillez avec du bouillon, ou de l'eau bouillante ; faites blanchir des navets, faites-les frire un moment à la poële dans de l'huile, et mettez-les à moitié cuisson dans la casserole ; dégraissez, ajoutez un filet de vinaigre ou jus de citron et servez.

Canard en hochepot.

Flambez, videz-le, et le coupez en quatre. Faites-le cuire dans une petite marmite, avec des navets, un quart de choux, carottes, oignons, le tout coupé et tourné proprement. Faites blanchir le tout un demi-quart-d'heure, et le mettez ensuite dans une petite marmite avec du bon bouillon, un morceau de petit lard coupé en tranches, tenant à la couenne et ficelé, un bouquet garni, un peu de sel. Quand le tout est cuit, vous dressez le canard dans une terrine à servir sur table ; vous mettez tous les légumes autour. Dégraissez le bouillon de la petite marmite où ont cuit vos légumes ; mettez-y un peu de coulis, et servez à courte sauce sur les légumes et canard.

PIGEON.

Connaissance des pigeons.

On préfère le pigeon, dit de volière, ou pigeon bizet. Il a beaucoup plus de chair ; elle est plus tendre et de meilleur goût ; il est aussi beaucoup plus gras. Le pigeon ramier unit à toutes ces qualités encore plus de volume ; mais il ne laisse pas que d'être rare.

Les vieux pigeons sont reconnaissables à la rougeur de leurs pattes.

Frais tués, les pigeons ont les pattes flexibles ; quand ils sont passés, il les ont dures ; le croupion est verdâtre et mou.

Pigeon au sang.

Saignez vos pigeons dans un plat, où vous aurez exprimé un jus de citron ou mis un filet de vinaigre, coupez vos pigeons en quatre morceaux, et faites-les cuire comme la fricassée de poulets et liez avec le sang, deux ou trois jaunes d'œufs et deux cuillerées de lait.

Pigeon à la ménagère.

Videz et échaudez vos pigeons, troussez-leur les pattes en dedans, faites-les ensuite dégorger et blanchir un moment, et retirez-les à l'eau fraîche ; mettez-les dans une casserole entre deux bardes de lard avec du consommé et un bouquet garni ; lorsqu'ils seront cuits, dégraissez leur fond, et jetez-le dans une espagnole, que vous ferez clarifier et réduire à consistance de sauce.

Pigeon à la crapaudine.

Prenez de bons pigeons dont vous trousserez les pattes en dedans, vous leur levez la moitié de leurs filets, lesquels vous rabattez sur leur poche, et les aplatissez sans beaucoup casser les os ; vous les trempez dans du beurre fondu, et les panez avec de la mie de pain ; faites-les griller à petit feu, et d'une belle couleur dorée ; quand ils sont cuits, vous les servez avec une sauce piquante ou du jus clair.

Pigeon en matelotte.

Faites roussir une demi-cuillerée de farine avec du beurre, passez-y vos pigeons avec du petit lard coupé en tranches minces : mouillez avec du bouillon et autant de vin blanc assaisonné de sel, poivre, épices, un bouquet garni ; ajoutez des champignons et de petits oignons passés au beurre ; faites cuire vivement pour réduire à courte sauce.

LIÈVRE ET LEVRAUT.

Connaissance du lièvre et du levraut.

Le lièvre est vieux quand il a les griffes rudes et émoussées, les oreilles sèches et qu'on ne peut déchirer facilement avec les mains ; il est fraichement tué s'il a le corps raide et la chair pâle. Plus les protubérances qui se trouvent dans l'avant-cuisse du levraut sont tendres, plus l'animal est jeune.

Levreau rôti.

Après l'avoir troussé, applatissez-le et faites-le revenir sur le charbon pour donner de la fermeté aux chairs, piquez-le à petit lard, depuis le cou jusqu'à l'extrémité des cuisses, et faites cuire à la broche en l'arrosant continuellement avec du dégraissis mêlé avec son sang ; servez avec une sauce hachée où vous aurez écrasé et fondu le foie et ajoutez le sang et le fond du dégraissis qui restera dans la lèchefrite.

Civet de lièvre à la ménagère.

Après avoir dépouillé votre lièvre et l'avoir vidé, coupez les membres que vous bardez avec des filets de lard assaisonnés ; s'il y a du sang, mettez-le à part. Faites fondre dans une casserole un morceau de beurre, passez-le sur le feu, mettez-y une poignée de farine ; quand votre roux sera fait, jetez-y votre lièvre, faites-le revenir ; mouillez avec suffisante quantité de vin rouge, et assaisonnez de sel et poivre ; mettez-y du petit lard coupé en gros dés, des petit oignons passés au beurre. Ayez soin d'écumer et dégraisser ; quand votre lièvre sera cuit, dressez-le, ôtez le bouquet, et si votre sauce est trop longue, faites-la réduire ; ensuite vous la lierez avec le sang de l'animal et son foie écrasé, vous en servant comme d'une liaison ordinaire.

Filets de lièvre au sang.

Vous levez les filets de deux lièvres, et les escaloppez gros comme un écu de cinq francs et plus épais ; vous les mettez dans un plat à sauter, avec très-peu de beurre, assaisonnés de sel, fines herbes et truffes ; couvrez d'un rond de papier beurré jusqu'au moment de les faire cuire, pour qu'ils ne sèchent pas. Au moment de servir, vous les passez sur un fourneau très-vif, car le lièvre rend beaucoup d'eau, les égouttez de leur beurre, ajoutez un verre de vin blanc et un peu de fumet de gibier et les liez avec deux ou trois cuillerées d'espagnole bien corsée et bien réduite ; vous y versez votre sang peu à peu et le liez à petit feu ; prenez garde que cela ne bouille ; vous y ajoutez un quarteron de beurre frais et un jus de citron ; vous servez chaudement sur des croûtons de pain de la grandeur de vos morceaux de lièvre et passés au beurre.

Les filets de lièvre se servent à toutes sortes de sauces.

LAPIN ET LAPEREAU.

Connaissance du lapin et du lapereau.

On en distingue de deux sortes : le lapin domestique et le lapin de garenne. Ce dernier est à préférer en cuisine ; ses chairs ont un meilleur parfum et sont plus délicates, surtout si c'est un lapin des montagnes. Pour connaître un lapereau d'avec un lapin, il faut le tâter sur le dehors des pattes de devant au-dessus du joint ; si vous trouvez une grosseur comme une petite lentille, c'est une marque qu'il est jeune. Pour le fumet, il faut le flairer au ventre, et l'usage vous apprendra à connaître les bons.

Lapereau à la ménagère.

Mettez dans une casserole du lard râpé, un bouquet, un anchois, une feuille de laurier, thym et basilic, un oignon piqué d'un girofle, et les morceaux de votre lapereau ; assaisonnez, ajoutez un peu de farine ; mouillez grandement avec bouillon et vin blanc ; faites bouillir, et après cuisson et réduction de la sauce, servez en ajoutant de l'huile ou du beurre, et le jus de la moitié d'un citron.

Lapereau à la minute.

Votre lapin dépouillé et vidé, coupez-le en morceaux, ayant soin d'ôter le mou ; vous essuierez proprement ces morceaux, afin qu'il n'y reste point de sang, mettez un bon morceau de beurre dans une poële ; quand il sera un peu chaud, vous y mettrez votre lapereau avec un peu d'aromates pilés, du sel, du gros poivre, de la muscade râpée ; placez-le sur un feu ardent ; quand vos morceaux seront bien roidis, mettez-y du persil et des échalottes hachées très-fin ; vous le laisserez encore trois ou quatre minutes sur le feu : servez-le en sortant de la poële.

Lapereau en friture.

Coupez en morceaux deux jeunes lapereaux, faites-les mariner avec du vin blanc, un jus de citron, persil, ciboule, thym, laurier, une pointe d'ail ; le tout haché grossièrement, sel et poivre ; égouttez vos morceaux, après les avoir laissés une heure dans la marinade ; essuyez-les dans la farine, et faites-les frire ; servez avec une sauce piquante à votre choix, ou une sauce tomate.

Lapin en gibelotte.

Coupez un lapin par morceaux et une petite anguille en tronçons ; faites un roux avec un bon morceau de beurre et de la farine en suffisante quantité ; lorsque le roux est bien blond, passez-y le lapin, les tronçons d'anguille, des champignons et des petits oignons ; ajoutez quelques tranches de petit lard ; quand le tout est bien revenu, mouillez avec un tiers de vin blanc et deux tiers de bouillon ; ôtez les tronçons d'anguille et les oignons ; assaisonnez de sel et poivre, avec persil, ciboule et un peu de thym en bouquet ; faites bouillir à grand feu ; lorsque le mouillement sera réduit à un tiers, mettez les tronçons d'anguille et les petits oignons ; achevez à petit feu ; dégraissez la sauce.

Lapin en galantine.

Désossez complètement deux lapins ; piquez la chair de l'un avec des lardons assaisonnés ; hachez la chair de l'autre avec égale quantité de lard ; ajoutez du gros poivre, des épices, peu ou point de sel, à cause du lard employé, et des truffes hachées, si vous en avez ; couvrez la chair de votre lapin d'un lit de farce sur lequel vous entremêlerez des filets de lard, de langue à l'écarlate, ou de jambon et de truffes que vous recouvrez avec un lit de farce ; continuez ainsi jusqu'à ce que vous ayez tout employé ; rapprochez alors les chairs de votre lapin, ficelez-le, enveloppez-le dans un linge blanc que vous ficellerez aussi ; foncez une braisière de bardes de lard, et mettez-y votre galantine avec les os des deux lapins bien concassés, un jarret de veau coupé en morceaux, des carottes, des oignons, dont un piqué de deux clous de girofle, une feuille de laurier, un bouquet de persil et ciboule, et une branche de thym, sel et gros poivre ; mouillez avec moitié vin et moitié bouillon ; faites cuire à très-petit feu. Retirez la galantine lorsqu'elle est cuite, et laissez-la refoidir dans le linge qui l'enveloppe ; passez la cuisson ; faites-la clarifier avec un blanc d'œuf, et ensuite réduire ; versez sur des assiettes lorsque la gelée sera prise, vous en décorerez votre galantine.

Hachis de lapin.

Désossez un lapin rôti ; hachez-en la chair dépouillée de nerfs et de membranes ; mettez dans une casserolle un bon morceau de beurre avec la carcasse de votre lapin bien concassée, parures de veau coupées en dés, du jambon ou du lard maigre coupé de même, sel, poivre et muscade râpée ; faites bien revenir le tout ; ajoutez une cuillerée de farine que vous mêlerez bien avec ce qui est dans la casserole ; mouillez avec du lait, et faites bouillir en remuant toujours, pendant une bonne heure ; passez au tamis, et faites réduire jusqu'à consistance d'une bouillie ; il faut remuer sans cesse pour qu'elle ne s'attache pas ; vous aurez peu salé cette sauce, à cause du lard et de la réduction ; vous aurez ainsi une espèce de béchamel un peu brune, mais qui n'en sera pas moins bonne. Mettez votre hachis dans cette sauce, et faites-le chauffer sans bouillir.

GIBIER.

Connaissance de la perdrix.

La perdrix rouge qui est particulière à nos climats, est plus estimée que les grises ; on connait qu'elle est jeune, lorsque les extrémités des trois grandes plumes de l'aile ont un liséré blanc ; ce liséré diminue à mesure qu'elle vieillit. La plus longue de ces plumes est pointue dans le perdreau et ronde dans la vieille perdrix.

Perdrix rôties et farcies.

Faites une petite farce de leurs foies, avec du lard râpé, un peu de sel, persil et oignons hachés, mettez cette farce dans le corps et cousez-le, ensuite troussez les pattes sur l'estomac. faites-les refaire dans une casserole avec un peu de beurre, et après cela mettez-les cuire à la broche, enveloppées de lard et de papier beurré. Quand elle seront cuites, vous les servirez avec une sauce convenable.

Perdrix à la purée de lentilles.

Préparez vos perdrix et faites cuire comme ci-dessus sans le cervelas et le petit lard, ; faites cuire des lentilles à part dans du bouillon et petit lard, assaisonnez-les ; après cuisson des perdrix et des lentilles, égouttez-les, mettez-les dans une casserole, le petit salé coupé, et le fond de cuisson de perdrix que vous avez passé au tamis ; faites mijoter et servez vos perdrix avec vos lentilles par-dessus.

Perdrix aux petits pois.

Le même procédé que ci-dessus, en faisant cuire vos petits pois dans une casserole avec du beurre on du lard haché menu, un bouquet, le cœur d'une laitue, et avant la cuisson entière des petits pois y ajoutez vos perdrix, et leur fond de cuisson.

Faisan rôti.

Les faisans jeunes se reconnaissent à ce que

l'ergot n'ayant pas encore poussé, il ne s'y trouve qu'un petit bouton à la même place. Avant de le mettre à la broche, flambez, videz et faites-le blanchir sur le feu, coupez les ongles et ôtez la peau des pattes en les brûlant ; piquez de petit lard le devant, et appliquez une barde de lard sur le dos ; bridez, enveloppez d'un papier beurré, qu'on enlève pour faire prendre couleur, un peu avant de le retirer du feu. On choisit ordinairement pour rôti un faisan coq et jeune, dont on enveloppe la tête pour conserver le plumage.

Pintade.

Quoique la pintade soit presque toujours élevée dans les basses-cours, elle n'a pas encore entièrement dégénéré, et elle se rapproche plus par sa saveur du faisan que des volailles domestiques ; mais pour la manger dans toute sa perfection, il faut l'attendre autant de temps que la saison peut le permettre. On peut la préparer de toutes les manières prescrites pour le faisan et la poularde.

Sarcelles rôties.

Plumez, et videz vos sarcelles, flambez-les légèrement ; après les avoir nettoyées, pétrissez du beurre avec sel, poivre, épices fines, et insérez-leur cet assaisonnement dans le corps ; troussez-les et les mettez en broche, enveloppées dans du papier beurré. Au moment de servir, débridez-les, faites sortir le beurre de leur corps, vous les servirez avec une espagnole dans laquelle vous exprimerez du jus de citron.

Salmis de macreuse.

Retirez votre macreuse de la broche avant l'entière cuisson, laissez-la entière ou découpez-la, et placez-la sur un ragoût de truffes que vous faites ainsi : Mettez dans une casserole de l'huile ou du beurre, vos truffes coupées en grosses tranches, une gousse d'ail, une feuille de laurier, un oignon piqué d'un girofle, mouillez avec vin blanc et bouillon, ajoutez des olives noires confites dans l'huile et faites réduire ; placez votre macreuse et laissez mijoter quelque temps.

Bécasses rôties.

Laissez bien mortifier, piquez-les de très-petit lard, ou couvrez les avec des feuilles de vigne et des bardes ; ne les videz point, et embrochez-les sur un hatelet ; vous mettrez dessous des rôties de pain, pour recevoir le jus et ce qui pourrait en tomber en cuisant. On les sert sur les rôties.

Salmis de bécasse.

Dépécez les membres de vos bécasses, rôties à la broche, pilez tout ce qui se trouve dans l'intérieur, la chair de l'estomac avec deux ou trois truffes, mettez tous les débris dans une casserole avec demi-bouteille de bon vin blanc, échalottes émincées thym, laurier, un clou de girofle et un bouquet, faites réduire aux deux tiers et passez au tamis, ajoutez à cette sauce de l'espagnole, et ce que vous avez pilé, faites mijoter, et placez vos membres de bécasses, avec des croûtons faits avec vos rôties, quelques tranches de truffes, et servez.

Les pluviers et les vanneaux s'appêtent comme les bécasses.

Tourdres.

Les tourdres se fontcuire de la même manière que les grives.

Cailles rôties.

Elles se servent cuites à la broche pour rôti ; on les plume, on les vide, on les fait refaire sur de la braise, on les enveloppe de feuilles de vigne et on les barde de lard.

Cailles au chasseur.

Vos cailles vidées et flambées, mettez-les dans une casserole avec lard haché, jambon, sel, gros poivre, passez-les au beurre, en les sautant de temps en temps ; vous prenez plein une cuiller à bouche de farine que vous mêlerez avec vos cailles, un verre de vin blanc, et presque autant de consommé et un bouquet garni ; vous les faites cuire pendant une heure, en ayant bien soin de les écumer et de les dégraisser au moment de servir, lorsque votre sauce est un peu réduite, vous la retirez du feu et la liez avec deux jaunes d'œufs, un bon morceau de beurre et le jus d'un citron : dressez vos cailles et passez la sauce à l'étamine : ajoutez-y une petite pincée de persil blanchi.

Cailles à la crapaudine.

Coupez-les et préparez comme les pigeons à la crapaudine.

Grives rôties.

Après les avoir plumées et flambées, on leur ôte

le gésier, et on les barde ; on leur passe ensuite un hatelet d'outre en outre par le flanc, et on les attache ensuite à la grosse broche, il faut mettre des rôties dessous comme sous les bécasses.

Grives en salmis.

Faites cuire aux trois-quarts à la broche, hachez les bardes de lard et les boyaux de vos grives, après en avoir distrait le gésier ; pilez vos boyaux avec grains de genièvre ; mettez sur le feu dans une casserole avec un verre de bon vin, une pincée de farine, du beurre ou de l'huile, de l'échalotte ou de l'oignon haché, une gousse d'ail, demi-feuille de laurier, un clou de girofle ; assaisonnez et mouillez avec bouillon ; ajoutez quelques olives et pieds de céleri blanchis et des tranches de truffes. Faites bouillir, délayez vos boyaux avec de cette sauce, et versez dans la casserole en remuant toujours ; placez-y vos grives, faites mijoter, et servez avec des croûtons faits avec les tartines.

Alouettes ou mauviettes à la broche.

Vous bardez vos alouettes, moitié l'une, moitié l'autre. Vous ne les videz point ; mises à la broche, vous placez dessous des rôties de pain pour recevoir ce qui en tombe. Servez alors vos alouettes sur les rôties pour un plat de rôti.

Alouettes ou mauviettes à la ménagère.

Elle se servent en salmis à la ménagère ; quand elles sont cuites à la broche (vous vous servez de celles qu'on a desservies de la table), vous leur ôtez les têtes et ce qu'elles ont dans le corps ; jetez les gésiers, et le reste servez-vous-en avec les rôties, pilez le tout dans un mortier ; délayez ce que vous avez pilé avec un peu de bouillon, passez-le au tamis et assaisonnez ce petit coulis de sel, gros poivre, un peu de verjus ; faites chauffer dedans les alouettes sans qu'elles bouillent, et servez garni de croûtons frits.

Ortolans à la broche.

On les larde en les embrochant avec de petits hatélets d'argent ; on les met à un feu ardent, neuf ou dix minutes suffisent ; on met des rôties dessous pendant la cuisson, et on les sert dessus comme les mauviettes.

Ils subissent également les diverses préparations indiquées ci-dessus pour les alouettes et les mauviettes.

Petits oiseaux.

En général, tous les petits oiseaux se mettent à la broche comme les alouettes, ou se sautent dans du lard haché et des fines herbes.

Volailles et Gibier qui se cuisent à la broche, avec un papier beurré ou graissé, et qui ne font pas la rôtie.

Chapon, Paularde, Poulet, Dinde, Dindonneau, Faisan, Canepetière, Pigeon, Outarde, Pintade, Paon, Perdreau, Bartavelle, Gélinotte, Tourterelle, Biset.

Gibiers qui se cuisent sans papier, et qui ne font pas la rôtie.

Canard, Sarcelle, Macreuse, Pigeon ramier.

Gibiers qui ne se curent point et qui font par conséquent la rôtie.

Alouette, Bécasse, Bécassine, Bécasseau, Butor, Becfigue, Coucou, Caille, Charlot, Grive, Grasset, Hupe, Loriot, Merle, Merlate, Ortolan, Pluvier, Poule-d'eau, Râle de terre ou Roi de Cailles, Rouge-gorge, Torcol ou Tire-Langue, Tourdre et tous les petits oiseaux d'automne.

POISSON.

Bouillabaisse à la Marseillaise.

Coupez vos poissons par tranches d'un demi pouce, faites cuire à part les débris comme têtes, queues, arêtes, dans un pot avec un ail, un oignon piqué d'un girofle, un bouquet et un morceau de petit salé ; après cuisson passez au tamis ce bouillon qui doit vous servir de mouillement.

Foncez une casserole avec de l'huile et de l'oignon haché, faites roussir un moment, placez-y vos tranches de poisson avec du persil et de l'ail hachés, une tranche de citron sans les pepins et une pomme-d'amour sans les graines ; assaisonnez mais salez peu, si vous croyez le bouillon ci-dessus assez salé ; ajoutez une pincée de safran en poudre et de l'huile. Mouillez en couvrant entièrement votre poisson avec du vin blanc mêlé avec le bouillon ci-dessus ; cuisez par un grand feu, et après réduction versez sur des tranches de pain frais, et servez à part vos tranches de poissons.

Tous les poissons peuvent servir à faire le bouillabaisse : mais les poissons de mer le rendent meilleur ; cependant le bouillabaisse acquiert un goût plus délicat par le mélange de poissons de mer et d'eau douce. Ce mets fait seulement avec des poissons d'eau douce doit être d'un goût un peu plus relevé. Les poissons de mer qui lui conviennent, sont le loup, le merlan, la langouste, le turbot, le maquereau, la racasse, la murcine, la sole etc. Les poissons d'eau douce sont : le muge, le barbeau, le brochet, la carpe, l'écrevisse, l'anguille, la perche, la truite, etc.

Poisson au bleu.

Faites le cuire avec carottes coupées en lames, oignons en tranches, feuilles de laurier piqué d'un girofle, persil, ail, sel et gros poivre avec beurre ou huile, mouillez avec vin rouge et eau ; le mouillement doit entièrement couvrir le poisson; après cuisson, égouttez votre poisson, servez dans un plat votre poisson ou sur une serviette sur laquelle vous avez placé un lit de feuiles de persil.

Poisson au court-bouillon.

Faites un bouillon de poisson à part comme au bouillabaisse ci-dessus ; mettez ensuite dans une casserole dans du lard fondu, une pointe d'ail, de l'oignon, un anchois et une pincée de persil, le tout haché ; placez-y votre poisson coupé à tranches épaisses avec du beurre ou de l'huile, et assaisonnez avec poivre, sel et deux feuilles de laurier piqué d'un girofle, mouillez également avec vin rouge et bouillon ci-dessus ; après cuisson et réduction, servez votre court-bouillon sur des croûtons de pain frits au beurre ou à l'huile.

Poisson au naturel.

Faites bouillir jusqu'à son entière cuisson votre poisson dans l'eau, avec huile ou beurre, sel, poivre, un bouquet, une pointe d'ail, un oignon piqué d'un girofle, une branche de persil et un peu de céleri ; égouttez et servez avec une remoulade ou des fines herbes hachées.

Turbot en salade.

Vous le faites cuire comme ci-dessus, et lorsqu'il est froid, vous le coupez en morceaux de la grosseur et de la forme que vous voulez ; vous le dressez sur le plat et le garnissez avec des cœurs de laitues, des œufs durs, des anchois, des cornichons, des câpres, des petits oignons blancs, cuits dans du consommé, etc. Pour sauce, vous délayez dans une casserole un peu d'huile avec du vinaigre, du sel, du poivre ou de la ravigotte hachée.

Raie à la Bourgeoise.

Après avoir bien lavé votre raie avec de l'eau fraîche, lui avoir ôté l'amer du foie, que vous ne lui remettez pas dans le corps et coupé les ailes par morceaux, faites-la cuire dans un chaudron ou une terrine, avec de l'eau, du vinaigre, quelques tranches d'oignons et un peu de sel ; qu'elle ne fasse que deux bouillons, afin qu'elle ne cuise pas trop ; retirez-la, mettez-la sur un plat pour l'éplucher ; remettez-la sur le fourneau avec un peu de son court-bouillon. Lorsque vous voudrez la servir, égouttez-la, dressez-la, mettez son foie dessus, rangez ses ailes en morceaux tout autour, et arrosez-la d'une sauce blanche aux câpres et aux anchois, d'une sauce à l'huile, ou de telle autre que vous jugerez à propos.

Merlans frits.

Lavez et videz vos merlans ; remettez-leur le foie en place ; coupez-leur le bout de la queue et les nageoires ; dépouillez-les de leur peau ; séchez-les dans un linge ; frottez-les partout avec de la farine et mettez-les dans la friture bien chaude ; laissez-leur prendre une belle couleur ; égouttez les ; dressez-les ensuite sur un plat chaud ; saupoudrez-les de sel blanc ; couvrez-les d'une serviette, et servez-les promptement.

Merlan aux truffes.

Coupez votre merlan à tranches, faites-le frire à moitié dans la poële après les avoir enfarinés, égouttez-les, mettez dans une casserole l'huile de la friture, du beurre et de la farine ; et faites un roux, en y joignant de l'oignon, persil et un anchois haché, et mouillez avec vin blanc et un bouillon ; ajoutez des truffes coupées et vos tranches de merlan ; faites bouillir quelques instans ; mettez quelques cornichons ou câpres ; faites un peu mijoter et servez avec des croûtons frits.

Soles frites.

Nettoyez et videz bien vos soles, enfarinez-les des deux côtés, et mettez-les dans la friture bien chaude ; vous dresserez vos soles avec des citrons entiers.

Filets de soles à l'Italienne.

Levez les filets de vos soles, et séparez-en la peau ; saupoudrez-les de sel, gros poivre, muscade râpée et persil haché ; mettez-les sur le feu avec beurre ou huile ; quand ils sont bien revenus, arrosez-les avec un jus de citron ; retournez-les ; dressez-les sur un plat ; servez avec une sauce italienne.

Thon au gras.

Mettez entre des bardes de lard et des tranches minces de jambon, une rouelle de thon piquée avec du lard et des anchois ; assaisonnez, faites cuire dans une casserole, mouillez avec vin blanc, et servez avec la sauce.

Maquereaux à la maître d'hôtel.

Après qu'il sont vidés, essuyez-les avec une serviette mouillée ; mettez-les sur le gril, enveloppés d'un papier huilé ; retournez-les quand ils sont cuits d'un côté, dressez-les sur un plat, après les avoir fendus par le dos, et y avoir mis un morceau de beurre manié avec du persil, de l'oignon, et une pointe d'ail, le tout haché très-fin, sel et gros poivre ; servez de suite, avant que le beurre soit fondu entièrement. Arrosez-les de jus de citron.

Rouget grillé.

Après l'avoir écaillé, vidé, lavé et bien essuyé, coupez-le légèrement en cinq ou six endroits de chaque côté ; faites-le tremper avec un peu d'huile, sel, poivre. Faites-le griller et l'arrosez de temps en temps avec le restant de votre huile ; servez-le après avec telle sauce que vous voudrez, comme aux câpres et anchois ou à la remoulade.

Connaissance de la morue.

Pour connaître la bonne morue, il faut choisir la chair blanche, une peau noire, de grands feuillets ; il faut la laver après l'avoir écaillée. Faites-la cuire un moment dans un chaudron avec de l'eau de rivière ; mettez-la après égoutter, et la lavez par feuillets, ou la laissez entière si vous voulez ; mais la façon n'en est pas si propre.

Morue frite en marinade.

Mettez dans la poële à frire avec de l'huile, quelques gousses d'ail coupées en quatre, une feuille de laurier, et vos morceaux de morue ; après quelques momens d'ébullition, retournez les morceaux et retirez-les peu après. Ajoutez un filet de vinaigre, et versez cette marinade sur votre morue ; on ne doit jamais mettre la morue à l'huile bouillante.

Morue à la branlade en pierre à fusil.

Après avoir fait blanchir une bonne morue qui

a déjà trempé un couple de jours, et dont l'eau a été renouvelée plusieurs fois, vous la ferez égoutter et en ôterez toutes les arêtes, la tête, et n'en conserverez que les chairs les plus saines que vous mettrez chaudes dans une casserole, en très-petits morceaux, avec un jus de citron ; donnez alors à votre casserole un mouvement de rotation, pendant que l'on versera goutte à goutte de la bonne huile ; quand la morue sera bien liée, remuez-la plus fortement pour l'empêcher de s'attacher à la casserole et ajoutez-de l'eau bouillante ou du lait bien chaud si vous craignez qu'elle soit trop salée ; continuez toujours votre mouvement de rotation, et d'y faire tomber de l'huile goutte à goutte, en ayant soin en la tenant toujours chaude, de la tenir assez éloignée du feu pour qu'elle ne se mette pas en ébullition. Quand vous verrez qu'elle fera bien la crême, mêlez-y de la râpure d'écorce de citron, un anchois, une pointe d'ail, persil, le tout bien haché, et des tranches de truffes ; passez un moment sur le feu avec de l'huile, et servez.

Morue à la provençale.

Ayez de la morue cuite à l'eau, bien égouttée: prenez le plat que vous devez servir; mettez dans le fond de l'échalotte, un peu d'ail, persil, oignons, du citron en tranches la peau ôtée, du gros poivre, deux cuillerées d'huile, gros comme la moitié d'un œuf de beurre. Arrangez la morue dessus ; remettez par-dessus le même assaisonnement que dessous, et panez ensuite avec la chapelure de pain. Mettez le plat sur un petit feu, pour qu'elle bouille doucement ; faites-lui prendre couleur par-dessus avec une pelle rouge ou un couvercle avec cendres rouges.

Saumon.

Le saumon se prépare au court-bouillon, au blanc et de toutes les manières employées pour le thon et l'esturgeon.

Esturgeon grillé à la sauce blanche.

Nettoyez bien une rouelle d'esturgeon ; marinez-la bien avec huile, persil, oignons et une feuille de laurier, mettez-la ensuite sur le gril ; pendant la cuisson vous l'arroserez avec sa marinade, et la remuerez : ayez soin qu'elle ne brûle pas ; lorsqu'elle sera cuite, vous la dépouillerez, la dresserez et l'arroserez d'une sauce au beurre : parsemez-la de câpres un instant avant de la servir.

Esturgeon au gras.

L'on met des tranches de rouelle de veau et un peu de jambon dans le fond d'une casserole juste à la grandeur de la tranche d'esturgeon que l'on veut servir, l'esturgeon mis dessus, et couvert de bardes de lard ; on y met un bouquet de persil, oignons, deux clous de girofle, trois échalottes, peu de sel ; on fait cuire un quart-d'heure sur un moyen feu ; ensuite on mouille avec un verre de vin blanc, on achève de cuire à petit feu ; au moment de servir, on passe au tamis la sauce de la cuisson, on y ajoute du coulis ; bouillie quelques bouillons, on la sert sur l'esturgeon.

Esturgeon braisé.

Piquez-le comme ci-dessus ; mettez-le dans une braisière juste à sa grosseur, avec du lard râpé, quatre oignons coupés en tranches, deux carottes coupées en lames, un panais coupé de même, un fort bouquet garni, sel, poivre et épices, épicez fortement ; mouillez avec du vin blanc ; faites cuire à grand feu, servez avec une sauce piquante dans laquelle vous ferez entrer le fond de votre cuisson.

Toutes les préparations du thon sont applicables à l'esturgeon.

Alose grillée.

Votre alose vidée et lavée, ôtez-en les écailles, essuyez-la, et laissez-la égoutter entre deux linges ; mettez-la sur un plat, avec du sel, du poivre et un verre d'huile, retournez-la dans son assaisonnement une heure avant de servir ; placez-la ensuite sur le gril à un feu doux, et masquez-la d'une sauce au beurre, semée de câpres par-dessus, ou d'une purée d'oseille.

Alose à l'étuvée.

Mettez dans une terrine un bon verre d'huile, deux petits oignons, un bouquet, deux verres à liqueur d'eau-de-vie, persil et demi-feuille de laurier, quelques tranches de citron, deux poignées d'oseilles crues ; assaisonnez, couvrez votre terrine d'un papier, et faites cuire à petit feu ; servez avec le fond de cuisson passé au tamis.

Lamproie.

On prend la lamproie vivante par le cou, on coupe sa queue à un pouce et demi de son extrémité et on laisse couler le sang jusqu'à extinction dans un plat ; après cette opération, on jette la lamproie dans une terrine pleine d'eau bouillante, on la ratisse avec une couteau, et on l'essuie avec un linge (on la ratisse aussi en la frottant fortement avec un linge propre et grossier ;) on l'ouvre par le ventre pour en nettoyer l'intérieur et on la coupe en tronçons de deux pouces d'épaisseur.

Mettez dans une casserole trois quarts de verre de bonne huile ; hachez la moitié d'un oignon, un anchois, un quarteron de jambon et un de petit lard ; hachez encore bien menu cinq ou six têtes de porreaux, faites roussir sept à huit minutes ; placez dans votre casserole vos tronçons de lamproie, et assaisonnez avec sel et épices ; laissez cuire à petit feu ; peu après placez-y une poignée d'oseille hachée, une gousse d'ail et une pincée de persil hachée ; après cuisson entière qui doit être d'environ une heure et demie, râpez-y la superficie d'une écorce de citron ; liez le sang avec deux jaunes d'œuf, une cuiller d'eau, une pincée de farine, en y exprimant la moitié d'un citron ; pour l'épaissir on peut y ajouter du pain râpé ; mettez-le dans votre casserole que vous aurezsoin de remuer pour l'empêcher de tourner ; achevez d'exprimer votre moitié de citron, et servez chaud.

Anguille à la poulette.

Votre anguille dépouillée, vous la coupez en

tronçons, que vous mettez dans une casserole avec du sel, gros poivre, muscade et un bouquet garni ; vous la passez au beurre et la changez, mouillez avec du vin blanc ; ajoutez truffes ou champignons frits. Lorsque votre anguille est cuite, vous l'égouttez et la dressez sur un plat avec des croûtons de pain frits sur chaque morceau : vous la mettez, si vous le jugez à propos, dans un vol-au-vent ou une croûte de pâté chaud, ou vous faites réduire la sauce après l'avoir dégraissée, et, étant liée avec trois jaunes d'œuf, vous la passez au tamis et y vannez un bon morceau de beurre frais et un jus de citron.

Anguille à la tartare.

Préparez votre anguille, et coupez-la par tronçons comme celle ci-dessus ; faites-la cuire dans un court-bouillon avec un peu de sel ; lorsqu'elle sera froide, vous l'égoutterez et la roulerez dans de la mie de pain ; trempez-la dans deux jaunes d'œufs incorporés avec du beurre frais fondu, et repanez bien également ; faites griller à petit feu en les arrosant avec de l'huile ou du beurre fondu, et dressez-la sur une sauce à la tartare ou avec une remoulade.

Au lieu de la mettre cuire dans un court-bouillon vous pouvez aussi la placer dans une casserole avec des tranches de carottes et d'oignons, quelques branches de persil, des aromates, poivre, sel, girofle, que vous mouillerez de vin blanc : cuite ainsi, votre anguille aura un goût très-supérieur.

Harengs sorés au naturel.

Essuyez-les bien, coupez-leur la tête et la queue ; fendez-les par le dos dans toute leur longueur, et ouvrez-les ; arrosez-les avec de bonne huile ; mettez-les et ne les laissez qu'un instant sur le gril. Vous servirez à sec, avec un huilier et un moutardier.

Anchois frits.

Faites dessaler vos anchois, faites-les tremper dans une pâte faite avec de la farine, une cuillerée d'huile, et délayée avec du vin blanc, faites en sorte que la pâte ne soit pas trop liquide ; quand ils sont frits et de belle couleur, servez-les pour entremêts.

NOTE SUR LES POISSONS.

Pour éviter de nombreuses répétitions et ne pas en remplir un ouvrage qui dans un petit format doit contenir tout ce qui est utile à une cuisine de ménage, nous renvoyons aux articles Court-bouillon, Poisson au bleu, Poisson au naturel, Poisson au blanc pour tous les poissons ; car ils se préparent presque tous de ces quatre manières, ainsi qu'à la friture. Nous observons aussi qu'on peut apprêter tous les poissons qui ont de l'analogie entr'eux par les mêmes procédés.

Matelotte.

Prenez une belle carpe, un brochet et une anguille : ce sont les poissons qui ordinairement composent une matelotte, vous les appropriez et les coupez par morceaux, mettez-les dans une casserole, avec huile ou beurre, carottes et oignons en tranches, un bouquet garni de truffes ou de champignons bien blancs et bien lavés, sel, gros poivre et muscade, vous les mouillez avec vin blanc, et les faites bouillir à grand feu, jusqu'à ce que votre poisson soit cuit : un quart-d'heure est plus que suffisant ; vous faites roussir quelques petits oignons dans du beurre, et les faites cuire en particulier, avec le mouillement, afin qu'ils ne s'écrasent point. Vous dressez votre matelotte sur le plat, en mettant entre chaque morceau une croûte de pain passée au beurre, vos champignons et vos oignons pardessus, vous passez le fond dans un tamis de soie, et l'incorporez dans quatre cuillerées à pot d'espagnole que vous faites réduire, de manière qu'elle puisse masquer vos morceaux de poisson, vous la retirez du feu, et y vannez trois quarterons de beurre frais ou de la bonne huile.

CRUSTACÉS ET MOLLUSQUES.

Langoustes.

La langouste se fait cuire comme les écrevisses, mais on la vend toute cuite, choisissez-en une qui soit bien fraîche, fendez-lui le dos depuis la tête jusqu'à la queue, enlevez tout ce qu'elle a dans le corps, mettez cela dans un vase avec une cuillerée de moutarde fine, échalottes et persil haché menu, sel, gros poivre, et les œufs de la langouste s'il y en a, ajoutez huile et vinaigre, délayez bien le tout, mettez-la dans une saucière, et la servez avec votre langouste.

Écrevisses en buisson.

Lavez-les bien, mettez-les dans une casserole avec tranches de carottes, d'oignons, ciboules coupées, persil en branches, aromates, sel, laurier, poivre et girofle, mouillez-les avec du vin blanc, et ajoutez un bon morceau de beurre frais, couvrez-les et les remuez plusieurs fois ; retirez-les avant qu'elles soient entièrement cuites, et laissez-les s'achever hors du feu, ensuite égouttez-les et les dressez en pyramide sur un plat garni d'une serviette avec du persil autour ; ayez soin de conserver leur assaisonnement pour les faire réchauffer si vous les servez une autre fois.

Crabes.

Ils se font cuire comme les écrevisses, et se servent de même, parés de persil, mais l'usage en est bien moindre que celui des écrevisses ; il est même extrêmement rare qu'ils paraissent dans un repas soigné, sans doute à cause de leur forme hideuse ; aussi conseillerons-nous de les mettre cuire tout simplement dans de l'eau et du sel, avec les ingrédiens indiqués pour les écrevisses : quand ils seront cuits frottez-les d'huile, pour leur donner une belle couleur, et servez-les froids sur une serviette.

Huitres au gratin.

Faites blanchir vos huitres dans leur eau, égouttez-les et arrangez-les dans une casserole avec de l'huile ou du beurre, échalotte, persil et un anchois bien hachés et assaisonnement, couvrez de râpure de pain, arrosez de gouttes d'huile, passez le plat sur des cendres chaudes, faites prendre sous le four de campagne, ou avec une pelle rouge ; au moment de servir exprimez le jus d'un citron.

Huitres en coquilles.

Préparez comme les huitres au gratin, mettez-les dans des coquilles que vous aurez enduites de beurre avec des anchois, saupoudrez de la râpure de pain, arrosez de quelques gouttes d'huile, et faites griller.

Arcellis, Clovisses ou petits Moules au blanc.

Faites les ouvrir sur le feu dans une casserole, ôtez la coquille vide que vous jetez, et conservez leur eau après l'avoir passée au tamis, à l'exception du fond qui est trop salé ; mettez dans un roux blanc, en tournant sur le feu dans une casserole, une pincée de farine avec un morceau de beurre, et en ajoutant de fines herbes, mouillez avec l'eau des arcellis et du lait, mettez vos arcellis dans la casserole, et liez avec jaunes d'œufs et un jus de citron.

Arcellis ou Clovisses à la provençale.

Ouvrez, séparez et conservez l'eau de votre coquillage. Ayez de bonnes herbes, épinards ou poirées que vous faites blanchir, puis hacher, et ensuite roussir dans de l'huile ou du beurre, sans sel, mais avec poivre, oignons, persil, et une pointe d'ail hachés; une pincée de farine, et mouillez avec l'eau de vos coquilles et du lait ; ajoutez-y vos clovisses, faites prendre goût, et servez chaud.

Préparation des Escargots.

Laisser jeûner vos escargots pendant quelques jours, rejetez ensuite ceux qui sont morts, jetez sur les autres du sel pilé et du vinaigre pour leur faire rendre leur écume, lavez-les à plusieurs eaux jusqu'à ce qu'ils soient bien propres, jetez-les alors dans l'eau bouillante, parce que si l'eau n'était pas en ébullition l'escargot rentrerait dans sa coquille et il serait difficile de l'en retirer, faites bouillir, écumez bien, et changez ensuite d'eau dans laquelle vous mettrez un bouquet fait avec carottes, céleris, laurier, thym, basilic et menthe, un gros oignon piqué de trois girofles, un porreau, et quelques gousses d'ail, sel et gros poivre, et laissez cuire à un feu modéré pendant très longtemps. Plus leur cuisson est longue, plus l'escargot est assaisonné et plus la digestion est facile. Ceux des vignes sont les meilleurs.

Escargots à la provençale.

Après avoir préparé vos escargots comme ci-dessus, hachez différentes herbes comme de l'oseille, des épinards, de la poirée, du cerfeuil, autant de chaque, faites leur rendre leur eau, et mêlez-les avec de l'oignon, du persil et un porreau hachés, et faites cuire dans une casserole avec du lard et du jambon haché gros, ou du petit lard. Quand les herbes seront presque cuites, hachez quelques anchois, une échalotte, deux gousses d'ail, mêlez et achevez la cuisson des herbes après y avoir mis de la râpure d'un citron, quelques morceaux d'écorce d'orange coupés bien menus et une feuille de laurier ; mettez-y vos escargots, un verre d'huile et de la mie de pain bouillie dans l'eau de sel, faites bien sauter, et mouillez avec bouillon et vin blanc, et faites bouillir pendant quelque temps, liez avec trois jaunes d'œufs, arrosez avec de l'huile et le jus d'un citron, en y râpant un peu de muscade.

Escargots en poulette.

Faites suer dans une casserole une tranche de jambon, mettez ensuite du beurre, de l'huile ou du lard haché, un bouquet, une pointe d'ail, la moitié d'un oignon piqué d'un girofle, vos escargots cuits et retirés de leurs coquilles, une échalotte, du persil, un anchois hachés et une pincée de farine, faites bouillir et mouillez avec bouillon et vin blanc (ou eau bouillante si le bouillon manque), liez avec un jaune d'œuf et un jus de citron ou un filet de vinaigre.

ŒUFS ET LAITAGES.

OEufs à la coque.

Ayez des œufs les plus frais possible, faites bouillir de l'eau dans un vase quelconque, mettez-les dedans avec précaution de peur de les casser, et laissez-les au feu deux ou trois minutes, selon que vous les voulez plus ou moins cuits. Retirez le vase du feu, laissez encore vos œufs dedans pendant une minute, pour qu'ils fassent leur lait : alors vous les ôterez de l'eau et les servirez dans une serviette pliée sur un plat.

OEufs au miroir.

Vous prenez un plat qui aille au feu, vous mettez dans le fond du beurre étendu partout ou de l'huile ; cassez vos œufs et mettez-les dessus, assaisonnez-les de sel, poivre et deux cuillerées de lait : faites-les cuire à petit feu sur un fourneau, passez la pelle rouge dessus et servez.

OEufs pochés au jus.

Vous mettrez de l'eau aux trois quarts d'une casserole avec du sel et un peu de vinaigre, vous la placerez sur le bord d'un fourneau ; en cassant l'œuf, prenez garde d'endommager le jaune, versez doucement l'œuf dans l'eau. mettez en deux : laissez-les prendre, tenez toujours l'eau bouillante, retirez-les de l'eau avec une cuillère percée : s'ils ont un peu de consistance, vous les mettez à l'eau froide. On se sert toujours d'œufs frais pour pocher. Pour un entremêts, pochez-en douze ou quinze, vous les changerez d'eau ; un instant avant de servir, vous les ferez chauffer, égouttez-les et dressez-les sur un plat, vous mettrez un peu de mignonnette, du poivre, sur chaque œuf, et du jus dessous.

OEufs brouillés.

Mettez sur le feu dans une casserole, de l'huile ou

du beurre, avec sel, poivre, anchois, truffes, persil, échalottes bien hachés, un moment après mêlez vos œufs en les remuant avec une cuiller de bois, en ayant soinqu'ils ne s'attachent pas à la casserole ; après cuisson convenable, ajoutez un jus de citron. On peut y ajouter des pointes d'asperges, du jus, du coulis, des fonds de cuisson, choux-fleurs, jambon, ris de veau, champignons, etc.

OEufs frits.

Vous employez pour friture du beurre ou de l'huile bouillante, assaisonnez de sel et poivre, n'en faites cuire qu'un seul à la fois, cassez-le sur la poêle, et versez doucement pour qu'il ne se déforme pas, tenez la queue de la poêle élevée, afin que l'œuf nage dans l'huile, dont il faut l'arroser ; lorsque le blanc bouillonne, rabaissez-le sur le jaune qu'il ne faut pas laisser durcir, après que tous vos œufs sont frits, ne laissez que peu d'huile dans la poêle pour faire une marinade avec une échalotte hachée et un filet de vinaigre, et versez sur les œufs.

OEufs en tripes.

Coupez des oignons en tranches minces que vous faites cuire dans une casserole couverte jusqu'à ce que le jus qu'ils auront rendu soit réduit, ajoutez du beurre ou de l'huile, l'assaisonnement, une pincée de farine, et veillez à ce qu'ils ne roussissent point. Mouillez avec du lait et mettez-y des œufs durs coupés à tranches, et faites sauter avec un peu de persil haché et un jus de citron. On peut substituer des concombres aux oignons, on les coupe en dés et on les passe au beurre avec fines herbes hachées et assaisonnement, et on continue de même qu'aux oignons.

OEufs à la neige.

Mettez à part les blancs et les jaunes de dix œufs, fouettez les blancs jusqu'à ce qu'ils soient en neige ; vous y joindrez du sucre en poudre, mêlez avec les jaunes de la fleur d'orange pralinée, quelques macarons et du sucre en poudre, délayez le tout avec un peu de lait, faites bouillir un litre de lait avec un quarteron de sucre ; prenez une cuiller de l'œuf battu, mettez-le dans le lait bouillant, laissez le une minute, et retirez-le, quand vous avez passé ainsi tous vos blancs, retirez la casserole du feu, versez-y vos jaunes, en remuant avec une cuiller pour les bien mêler ; aussitôt que le mélange vous paraît bien lié, versez-le sur les blancs, que vous avez dressés en rocher sur un plat. On peut varier à volonté les aromates et les substances qu'on fait entrer dans la sauce.

Omelette au naturel.

Cassez dans un vase vos œufs, assaisonnez de sel fin, battez bien vos œufs, plus ils seront battus plus votre omelette sera légère ; mettez la poêle au feu avec de l'huile ou du beurre, lorsque votre liquide sera près d'être bouillant, jetez-y vos œufs et secouez la poêle, pour qu'ils ne s'attachent pas, ne les laissez pas trop cuire pour qu'elle soit un peu baveuse, retournez votre omelette, ou penchez-la sur le devant, pliez-la en deux, et servez sur un plat.

Omelette aux fines herbes.

Assaisonnez vos œufs avec sel et poivre, un anchois et persil haché, et finissez comme ci-dessus.

Omelettes de toutes sortes.

Par les mêmes principes on fait des omelettes de toutes les manières, au petit lard, au jambon, avec des huitres blanchies et passées dans de fines herbes, avec des queues d'écrevisses ; aux oignons en les coupant en filets et les faisant roussir avant de mettre les œufs ; en douceur en mettant du sucre au lieu de sel et y ajoutant de la confiture ou de la crème.

Crême.

Mettez dans une casserole quatre verres de lait, assaisonnés avec le zeste d'un citron, une feuille de laurier-amande et demi-livre de sucre, faites bouillir quelques instants et passez au tamis, mettez ensuite dans un plat profond six jaunes d'œuf, et demi once de farine que vous délayez dans un verre de lait froid, versez dans ce mélange le lait de la casserole en tournant, et posez sur le feu en tournant toujours du même côté, jusqu'à ce que la crême paraisse commencer à bouillir, retirez-la du feu, en continuant de tourner jusqu'à ce qu'elle soit bien tiède, ajoutez quelques gouttes de fleur-d'orange, passez au tamis dans le plat que vous devez servir, et glacez avec sucre fin et pelle rougie.

Crême à la neige.

Fouettez la moitié des blancs des œufs de votre crême, mêlez dans ces blancs la râpure d'un citron et du sucre fin. Pendant que le lait de la dite crême bout, placez vos blancs fouettés à mesure qu'ils sont cuits, enlevez et posez sur une écumoire, finissez votre crème en y tournant vos jaunes, et quand elle est finie et un peu refroidie placez vos blancs.

Crême à la frangipane.

Délayez dans du lait (un litre) deux cuillerées de fécule de pommes-de-terre, six jaunes d'œufs, du citron vert râpé, de la fleur d'orange pralinée en poudre, un quarteron de sucre ; faites cuire sur des cendres chaudes, ou au bain-marie, en tournant toujours.

C'est avec cette crême qu'on fait les tartes à la frangipane.

Petits Pots au lait.

A la crême, ajoutez le blanc d'un œuf sur huit jaunes d'œufs, préparez de même, passez plusieurs fois au tamis avant de mettre votre crême dans les pots, qu'il faut mettre au bain-marie, feu dessous et dessus, en ne pas laissant bouillir tout-à-fait l'eau, et lorsque votre crême est cuite, glacez avec sucre fin et fer chaud.

Flan.

Délayez 100 grammes de fécule de pommes de terre et 150 grammes de sucre, avec un litre de lait et 50 gram. de beurre, faites bouillir, et ensuite refroidir à moitié, ajoutez six jaunes d'œufs, une cuillerée de fleur d'orange pralinée, six macarons, dont un amer ; fouettez trois blancs d'œuf, ajoutez-les, faites cuire sur des cendres chaudes, avec le four de campagne par-dessus.

Beignets à la crême.

Mettez dans une casserole un demi-litre de crême, un demi-litre de lait, un peu de sel, une pincée de citron vert haché très-fin, faites bouillir et réduire à moitié, ensuite vous y mettrez trois grandes cuillerées de farine, que vous délayerez sur le feu avec la crême, et la tournerez jusqu'à ce qu'elle soit bien épaisse ; ôtez-la du feu pour la mettre sur la table, abattez-la avec le rouleau, jusqu'à ce qu'elle soit mince comme un petit écu, coupez-la en losange, faites-la frire et glacez avec du sucre et la pelle rouge.

Pâte pour toutes sortes de beignets.

Delayez votre farine avec des jaunes d'œuf, et la détrempez avec de l'eau tiède, ajoutez-y un peu de beurre fondu ; les blancs de vos œufs bien fouettés, jetez-y quelques grains de sel, battez le tout ensemble, et faites en sorte que votre pâte soit assez épaisse pour bien envelopper les fruits que vous y tremperez.

JARDINAGE.

Petits Pois en grains.

Prenez un ou deux litres de petits pois, lavez-les et les maniez ensuite dans une casserole avec un morceau de beurre, ajoutez-y un bouquet, un cœur de laitue, un petit morceau de sucre, passez-les à grand feu, et mouillez-les avec une eau de sel claire et légère, quand cette eau est réduite, et que vos pois sont cuits, ôtez le bouquet, retirez-les du feu, et liez-les avec un bon morceau de beurre frais, manié auparavant avec une très petite pincée de farine.

Petits Pois au lard et au jambon.

Maniez des petits pois avec du beurre frais, ayez une quantité proportionnée de petit lard ou de jambon coupé en gros dés ; mettez le tout dans une casserole, mouillez-les avec du bouillon, ajoutez un bouquet, un cœur de laitue, gros poivre et un peu de sel, ensuite laissez mijoter vos pois jusqu'à ce qu'ils soient cuits et que leur sauce vous paraisse suffisamment réduite : dégraissez-la, ôtez le bouquet, et servez.

Haricots verts en sauce blanche.

Vos haricots étant épluchés, lavez-les, mettez de l'eau et du sel dans un chaudron, faites-la bouillir et jetez-y vos haricots ; lorsqu'il fléchiront sous le doigt, vous les retirerez, les laisserez égoutter dans une passoire, et les mettrez dans l'eau froide; mettez ensuite un morceau de beurre dans une casserole, faites-y suer une tranche de jambon, jetez-y vos haricots bouillans, assaisonnez-les de sel, poivre et oignons, persil hachés, remuez-les continuellement, mouillez avec bouillon ou lait, liez avec jaunes d'œufs et un filet de vinaigre, et servez.

Lentilles à la maître-d'hôtel.

Faites cuire vos lentilles dans de l'eau avec un peu de sel, égouttez-les et mettez-les dans une casserole avec un bon morceau de beurre, du persil haché, sel et poivre ; sautez-les pendant quelques minutes, après quoi vous les dresserez, les entourerez de croûtons de pain au beurre, et les servirez très chaudes.

Choux farcis.

Faites bouillir un quart-d'heure, dans l'eau, un chou que vous aurez bien épluché et lavé ensuite ; retirez-le dans l'eau fraîche et laissez-le refroidir, ôtez-en les feuilles une à une, mettez à chacune un peu de farce ; cela fait, replacez les feuilles l'une sur l'autre, comme si le chou était entier, ficelez-le exactement, et faites-le cuire dans une braise ; quand il sera froid, égouttez-le bien, pressez-le légèrement pour en faire sortir la graisse, et dressez-le sur un plat, soit entier en le parant, soit coupé en deux ; mettez dessous un coulis ou une espagnole ou un roux léger, mouillé avec votre cuisson et passé au tamis, passez sur le feu et servez.

Choux-fleurs au gratin.

Préparez et faites cuire vos choux-fleurs comme les précédents, arrosez-les d'une même sauce blanche à laquelle vous aurez incorporé du gruyère râpé, couvrez-les ensuite d'un lit de mie de pain et de fromage râpé également ; dorez ce lit avec du beurre tiède, mettez-en un second par-dessus ; environ un quart-d'heure avant de servir vos choux-fleurs vous mettrez le plat sous le four de campagne, avec feu dessous et feu dessus, pour former la croûte et leur faire prendre couleur.

Oseilles au maigre.

Hachez de l'oseille, de la poirée, de la laitue et un peu de cerfeuil, après les avoir épluchées, lavées et bien égouttées, mettez-les à sec dans une casserole, en remuant toujours jusqu'à ce qu'elles soient bien fondues ; ajoutez ensuite huile ou beurre, tournez encore jusqu'à ce que l'oseille soit bien passée ; assaisonnez de sel, gros poivre, faites une liaison de trois jaunes d'œufs avec du lait ; versez-la dans votre oseille, et servez.

Céleri à la bourgeoise.

Epluchez-le sans le friser ; faites-le tremper dans l'eau pour le bien laver ; mettez-le cuire une demi-heure dans de l'eau bouillante avec un peu de sel ; retirez-le dans l'eau fraîche ; pressez-le bien ; mettez-le dans une casserole avec du beurre ou de l'huile, saupoudrez-le de farine, et faites-le cuire avec du bouillon et du coulis ; assaisonnez-le de bon goût ; vous aurez soin de le dégraisser. Servez-le avec telle sauce que vous jugerez à propos.

Cardes au maigre.

Vos cardes épluchées, lavées et coupées en bâtons d'environ deux pouces, doivent être mises dans l'eau bouillante jusqu'à ce que la peau s'enlève facilement ; vous les jetez ensuite dans l'eau fraîche, achevez de les bien parer, vous les changez d'eau et les mettez dans une casserole avec huile ou beurre, une échalotte, un anchois et persil haché, faites sauter, et mouillez avec eau bouillante ou lait, achevez la cuisson à petit feu et liez avec jaunes d'œufs et jus de citron.

Artichauts frits.

Après les avoir épluchés et blanchis, coupez-les en huit ou en douze, selon leur grosseur ; ôtez-en le foin ; coupez les feuilles extérieures à leur jonction avec le cul ; ne laissez que les plus tendres ; faites-les roussir ; trempez-les dans une pâte à frire, faites frire de belle couleur.

Artichauts à la barigoule.

Parez-les comme il est prescrit ci-dessus : coupez les plus grosses feuilles à leur jonction avec le cul, faites-les blanchir, et ensuite ôtez le foin ; mettez dans une casserole du lard râpé, du beurre ou de l'huile, des champignons, des échalottes, du persil haché très fin, sel, poivre et muscade râpée ; passez le tout au feu ; laissez refoidir, et remplissez vos artichauts avec cette farce ; mettez-les dans une casserole sur des bardes de lard ; ajoutez un verre de bouillon et un bouquet garni, sel et poivre ; faites cuire à petit feu ; vers la fin, mettez sur un couvercle des charbons ardens pour rissoler les feuilles ; arrangez vos artichauts sur un plat ; faites un petit roux que vous mouillerez avec la cuisson de vos artichauts, et arrosez-les avec cette sauce.

Pommes-de-terre frites.

On coupe en long, ou de toute autre manière les pommes-de-terre, on les met dans une casserole avec un feu ardent, et quantité suffisante de beurre ; couvrez la casserole en mettant du feu sur le couvercle, quand elles sont cuites et de belle couleur, on les retire pour les faire égoutter. On peut aussi les mettre en friture à la poële à l'huile ou au beurre ; on a soin alors de n'en mettre que la moitié à la fois, afin qu'elles ne soient pas surprises par le feu ; on les arrose pendant la préparation, et on doit avoir soin de les retourner souvent.

Pommes-de-terre à la provençale.

Coupez en tranches un peu épaisses des pommes-de-terre cuites ; mettez-les dans une casserole avec de la bonne huile, persil, oignons, un peu d'ail, le tout haché bien menu ; ajoutez-y sel, gros poivre, jus de citron ou un filet de vinaigre ; faites-les chauffer et servez. On peut parer ce plat de quelques anchois dessalés.

Pommes-de-terre à la parisienne.

Pelez des pommes-de-terre crues, faites-les cuire dans de l'eau et du sel ; tirez-les de l'eau, égouttez-les bien et réduisez-les en pâte : vous mettrez cette pâte dans une casserole avec du beurre et un bon demi-litre d'eau, plus ou moins selon la quantité de pommes-de-terre ; salez-les légèrement et ajoutez de l'eau de fleur-d'orange, assez pour donner un goût agréable ; vous ferez bouillir le tout ensemble un moment, et formez en une pâte bien-liée et bien épaisse, que vous remuerez toujours. Lorsqu'elle commencera à s'attacher, vous la mettrez dans une autre casserole et y incorporerez quelques œufs un à un sans cesser de remuer. Faites de petites boulettes avec cette pâte ; mettez-les dans la friture plus qu'à moitié chaude, en remuant sans cesse ; retirez-les quand elles seront de belle couleur ; servez-les chaudement, saupoudrées de sucre fin.

Pommes-de-terre en boulettes.

Réduisez en pâte des pommes-de-terre cuites comme au naturel, et mêlez-les bien avec une égale quantité de hachis fait avec des parures ou restes de viande, et assaisonné de beurre, sel, poivre, persil, une pointe d'ail, échalottes hachés, liez le tout avec quelques jaunes d'œuf et formez en des boulettes de moyenne grosseur ; trempez-les dans la farine et faites-les frire. Vous les servirez soit garnies de persil, soit avec toute sauce qui leur puisse convenir.

Pommes-de-terre à la lyonnaise.

Mettez dans la casserole de l'huile, du beurre, un peu d'échalottes, sel et gros poivre : posez-la sur le feu et la remuez vivement. Quand le beure sera bien lié avec l'huile, vous retirerez votre sauce et en arroserez des pommes-de-terre cuites auparavant et que vous aurez coupées par tranches et dressées sur le plat. Faites attention de servir de suite : votre sauce tournerait en se refroidissant.

Gâteau de pommes-de-terre.

Faites cuire des pommes-de-terre sous la cendre, épluchez les, réduisez-les en pâte. Vous la délayerez avec douze jaunes d'œufs par kilo, et ajouterez 100 grammes de sucre en poudre pour le même poids de pâte. Pétrissez le tout ensemble ; mettez-y ensuite le zeste d'un citron râpé, son jus et des blancs d'œufs ; façonnez le tout et le mettez dans une tourtière graissée légèrement avec du beurre ; vous le ferez former sa croûte et prendre couleur sous le four de campagne.

Carottes au blanc.

Coupez-les en tranches d'égale épaisseur, faites-les blanchir à l'eau bouillante et les égouttez. Vous les mettrez cuire dans de l'eau avec un peu de beurre et un petit morceau de sucre, sel et gros poivre ; égouttez-les de nouveau ensuite et tenez-les chaudes. Si leur mouillement n'est pas assez réduit, faites-le bouillir encore ; semez-y de la farine ; ajoutez-y un bon morceau de beurre fin. Lorsque le tout sera bien lié, vous y jetterez vos carottes, les sauterez et les servirez avant qu'elles bouillent.

Salsifis à la sauce blanche.

Épluchez-les, et, pour qu'ils ne noircissent pas, jetez-les à mesure dans de l'eau acidulée d'un peu de vinaigre blanc. Faites-les cuire environ une heure dans de l'eau avec un petit morceau de beurre, sel, gros poivre, du jus de citron, ou du moins un peu de vinaigre blanc. Quand ils seront cuits, vous les dresserez et les arroserez avec une bonne sauce blanche.

Navets au blanc.

Epluchez vos navets ; tournez-les soit en bâtonnets, soit en poires, en gousses d'ail ou en champignons ; faites-les revenir dans le beurre. Aussitôt que vous leur verrez prendre une belle couleur jaune, vous les mouillerez avec du bouillon ; sucrez-les légèrement et faites-les cuire à petit feu ; dressez-les ensuite et arrosez-les avec une sauce blanche dans laquelle vous aurez mêlé de la moutarde.

Navets au roux.

Préparez vos navets comme les précédents. Vous les ferez revenir de même ; saupoudrez-les de farine ; quand ils seront roux, vous les mouillerez avec du bouillon ; sucrez-les. Il faut également qu'ils ne fassent que mijoter. Quand ils seront cuits vous les dresserez. Faites réduire la sauce, si elle est trop longue, arrosez-en vos navets.

Oignons farcis.

Faites une farce de débris de volaille ou autre viande rôties et truffes, échalottes, persil et lard, le tout bien haché, mettez-le dans de gros oignons que vous avez fait blanchir et vidés, faites cuire dans la braise, et servez avec le fond de cuisson passé au tamis.

Asperges à la sauce blanche.

Préparez et faites-les cuire comme les précédentes ; dressez-les régulièrement en plusieurs paquets parallèles, les têtes au centre du plat. Vous les servirez très-chaudes avec votre sauce blanche sans câpres, dans une saucière.

Truffes au naturel.

Mettez-les tremper dans du vin ; frottez-les bien avec une brosse rude ; faites attention qu'il n'y reste point de terre, et repassez-les dans une seconde eau : après cela vous les mettrez cuire dans moitié bouillon, moitié vin ; si vous aviez du consommé, il faudrait le préférer au bouillon. Assaisonnez les de sel, poivre, oignons et racines. Quand elles seront cuites, vous les égoutterez bien et les servirez sous une serviette C'est aussi de cette manière que vous les ferez cuire, avant de les employer dans les ragoûts.

Ragoûts de truffes.

Coupez des truffes en tranches minces ou en petits dés, posez-les sur un feu doux, avec huile, un ail, demi-feuille de laurier piqué d'un girofle, avec une échalotte, la moitié d'un anchois et persil hachés, assaisonnnez avec sel, poivre, un verre de vin blanc ou rouge, faites cuire jusqu'à réduction, mouillez avec bon bouillon ou jus, faites encore un peu bouillir, versez une croûte de pain grillé et beurrée, et ajoutez croûtons frits au beurre.

Concombres farcis.

Après les avoir pelés, enlevez sur un des côtés avec la lame d'un couteau, un grand morceau ovale ; retirez toutes les graines de l'intérieur, et remplissez-les avec une farce cuite ; mettez au fond d'une braisière quelques bardes de lard, des parures de viande, si vous en avez, ou quelques émincées de veau ; arrangez vos concombres, et couvrez-les de bardes de lard ; ajoutez carottes et oignons coupées en tranches, deux feuilles de laurier, poivre et muscade râpée, mouillez avec du bouillon ; faites cuire à très-petit feu ; quand les concombres cèdent sous le doigt, faites réduire ; liez la sauce avec un peu de jus, ou avec un morceau de beurre manié de farine : versez sur vos concombres que vous avez tenus chaudement.

Aubergines frites.

Après avoir pelé et fendu vos aubergines et en avoir ciselé l'intérieur avec la pointe d'un couteau, jetez dessus du sel fin pour que l'eau âcre s'écoule, pressez-les fortement quelque temps après, faites-les ensuite frire dans de l'huile ; on les coupe aussi à tranches, que l'on passe dans la pâte à frire.

Aubergines farcies.

Après avoir préparé vos aubergines comme ci-dessus, au lieu d'en ciseler l'intérieur, enlevez-le, et hachez-le avec oignons, anchois, ail et persil, une pomme d'amour, un œuf dur, du fromage et de la mie de pain trempée dans de l'eau bouillante et assaisonnée. Mettez ce hachis dans votre aubergine avec la râpure de pain et un rayon d'huile, placez au fond d'un plat un peu d'huile et de l'eau, et mettez-le au four.

Épinards à la maître-d'hôtel.

Faites-les blanchir à l'eau bouillante, jusqu'à ce qu'ils s'écrasent facilement lorsqu'on les presse entre les doigts ; jetez-les desuite dans l'eau froide ; égouttez-les et passez-les pour en faire sortir l'eau qu'ils contiennent ; hachez-les pas trop fin ; mettez-les à sec dans une casserole, et faites-les chauffer au bain-marie ; ajoutez du sel, du gros poivre, et de la muscade râpée, que vous mêlez bien avec des épinards ; quand ils seront chauds, mettez-y un bon morceau de beurre, et remuez jusqu'à ce qu'il soit fondu et bien mêlé.

Épinards au sucre.

Pratiquez comme ci-dessus en mettant du sucre.

au lieu de sel sans autre assaisonnement ; mouillez avec du lait et servez avec croûtons frits au beurre.

Pourpiers à la provençale.

Après avoir nettoyé vos pourpiers et les avoir fait blanchir à l'eau bouillante ; il faut les faire cuire, les égoutter et passer au passoir, les mettre ensuite dans une casserole avec huile ou beurre si on les prépare au maigre, ou de la graisse si c'est au gras, on les fait prendre goût dans un assaisonnement de sel, poivre, un anchois, persil et une pointe d'ail hachés, et y mêlez après de la mie de pain bouillie dans du bouillon pour le gras, ou dans du lait pour le maigre, vous mouillez avec lait ou bouillon : achevez la cuisson ; râpez abondamment du fromage de gruyère que vous y mêlez ; liez avec deux jaunes d'œuf ; saupoudrez de râpure de pain mêlée avec fromage râpé, et faites gratiner avec un couvercle chargé de feu.

Courges jaunes au four.

Coupez un morceau de courge mûre en dés, saupoudrez de sel pour faire égoutter l'eau, mêlez de la belle farine, posez au fond du plat un lit de courges, assaisonnez avec huile, poivre, persil et ail hachés, et continuez successivement jusqu'à ce que le plat soit plein, et mettez au four ; en sortant du four faites écouler l'huile.

Macédoine de légumes.

Faites roussir séparément poirée hachée, culs

d'artichauts coupés en tranches, petites fèves fraîches, petits pois, pointes d'asperges, mêlez le tout avec huile, et du lait en plus grande dose, saupoudrez avec un peu de farine arrosée avec huile et mettez au four. Plusieurs y ajoutent du gruyère râpé et des œufs ; mais en grande quantité la macédoine devient trop compacte.

Macaroni.

Faites cuire un demi kilo de macaroni avec du bon bouillon, ou avec de l'eau et du beurre manié d'un peu de fécule de pommes-de-terre, sel, poivre et muscade râpée ; il ne faut pas le faire trop cuire, il suffit qu'il cède facilement sous le doigt ; retirez-es, faites égoutter ; mettez-les ensuite dans une casserole avec 100 grammes de beurre, une demi-vre de fromage râpé, gros poivre et muscade râpé, autez le tout ensemble ; ajoutez un peu de crême ; 'ervez lorsque le fromage est bien fondu et commence à filer. Au lieu de beurre, vous pouvez mettre du dégraissis de cuisson, de la graisse de volaille, etc.

Si vous voulez du macaroni au gratin, après l'avoir préparé comme ci-dessus, dressé dans un plat, panez-le de mie de pain mêlé avec autant de fromage ; arrosez avec du beurre tiède, et faites prendre couleur sous le four de campagne, ou avec une pelle rouge.

On peut préparer comme le macaroni, le vermicelli, les lazagnes et les mouilles.

Champignons à la languedocienne.

On ne peut préparer ainsi que des gros champignons épais et ouverts en parasol. Dans le midi de la France on en a plusieurs espèces ; mais à Paris on ne fait usage que du champignon de couches, espèce qui se rencontre assez fréquemment sur la lisière des bois et dans les friches, où elle est beaucoup meilleure que sur couches. Cependant, comme il arrive très-souvent que les champignons recueillis dans les bois occasionnent des accidens funestes, parce qu'on a pris une espèce pour une autre, on ne peut que conseiller de donner toujours la préférence aux champignons cultivés, qui ne peuvent donner lieu à aucune méprise et qui n'incommodent jamais, lorsqu'ils sont récens, et qu'on n'en fait pas d'excès.

Prenez donc des champignons de couche les plus grands et un nœud ouvert : vous reconnaitrez qu'il sont frais, lorsqu'il auront les feuilles bien roses ; quand ils tirent sur le noir, il faut les rejeter ; coupez les queues très-court, et enlevez une petite peau blanche qui les couvre ; mettez sur une tourtière, la queue en haut avec un peu d'huile ; saupoudrez de sel fin, gros poivre et muscade râpée, persil et oignons hachés ; arrosez-les d'un peu d'huile, ne les détournez pas ; quand ils sont cuits dressez les sur un plat, ils doivent être bien imbibés d'huile.

GELÉES, DOUCEURS.

Gelées aromatisées et sucrées.

On préparait autrefois ces gelées avec la corne de cerf râpée ; on les prépare aujourd'hui avec de la colle de poisson, qui n'est autre chose que la vessie natatoire de l'esturgeon, lavée, nettoyée et desséchée. La corne de cerf contracte dans le râpage une odeur assez désagréable, qui se trouve souvent dans la gelée qu'on en tire. La colle de poisson vaut mieux sous tous les rapports : elle donne une gelée tout-à-fait blanche et sans saveur, ce qui la rend plus propre à recevoir toutes les couleurs qu'on veut lui donner, et en fait un bon excipient pour les saveurs et les arômes ; la colle de poisson est fort chère, et on peut lui substituer avec avantage la gelée de pieds de veau, qui, quand elle est bien faite, est presque incolore et insipide.

Prenez trois pieds de veau bien échaudés ; fendez-les en deux et mettez-les dégorger dans l'eau ; essuyez-les et frottez-les de jus de citron ; mettez les ensuite dans une marmite, avec deux litres d'eau, et le jus de deux citrons ; faites bouillir ; écumez avec soin, et faites cuire à petit feu pendant deux ou trois heures ; passez la gelée au tamis de soie, et clarifiez-la comme il est prescrit ci-dessus, faites réduire jusqu'à ce qu'en essayant la gelée, vous la trouviez d'une forte consistance, passez alors et repassez la gelée, au tamis, jusqu'à ce qu'elle soit bien claire ; mettez-la refroidir, et servez-vous-en pour les gelées dont les recettes sont expliquées ci-après.

Cette gelée peut se conserver en hiver, pendant cinq ou six jours, et même plus si elle est très-concentrée et si elle est dans un endroit frais ; en été elle ne peut pas se conserver plus de quarante-huit heures, à moins qu'on ne la fasse bouillir une fois par jour. Par ce moyen on pourrait la conserver assez long-temps.

Gelée à la vanille.

Faites dissoudre dans très-peu d'eau une once (plus ou moins, selon votre goût) de sucre de vanille ; ajoutez cette solution à douze onces de sirop de sucre ; mettez dans une casserole sur le feu vingt-quatre onces de gelée bien consistante, faite avec de la colle de poisson ou de pieds de veau ; quand elle sera bien fondue, sans être chaude, ajoutez-y le sucre de vanille ; mêlez bien, et laissez pendant quelque temps sur le feu, pour que le mélange soit bien intime ; versez ensuite dans des petits pots de cristal, et laissez refroidir ; s'il fait très-chaud, et si votre gelée n'est pas très forte, vous mettrez les petits pots dans la glace pilée pour les faire prendre. Comme la vanille, sans colorer beaucoup la gelée, pourra en troubler la transparence, vous pourrez ajouter au sirop de sucre un peu de carmin, qui colorera la gelée en rose.

Gelée d'orange.

Exprimez le jus de six oranges et de deux citrons ; enlevez le zeste de deux oranges ; mettez le jus et les zestes sur le feu, avec douze onces de sirop de sucre ; faites bouillir un instant, et passez au tamis ; mêlez ce sirop acidulé et aromatisé, avec vingt-quatre onces de gelée consistante, de colle de poisson, ou de pieds de veau ; terminez comme ci-dessus.

Vous pourrez colorer cette gelée en orange avec l'infusion aqueuse de safran ; à laquelle vous ajouterez un atome de carmin.

Gelée de groseille.

Vous clarifiez votre sucre, comme il est expliqué ci-après et mettez une livre de sucre pour une livre de fruit ; vous ferez cuire votre sucre au cassé, vous mettrez le fruit dans votre poële ; faites-lui faire deux bouillons couverts, retirez ensuite votre confiture de dessus le feu, passez-la dans un tamis, et la mettez tout de suite dans les pots.

Quand elle sera froide, vous couvrirez vos pots, vous tremperez votre premier papier dans de l'eau-de-vie, pour que la confiture se conserve mieux ; c'est ce que vous observerez à toutes sortes de confitures. Ne couvrez jamais les pots que quand les confitures sont froides.

Gelée de groseille à la bourgeoise.

Il faut faire clarifier votre sucre, comme il est expliqué ; vous prendrez des groseilles que vous mettrez dans la poële et les ferez fondre sur le feu en leur faisant faire un bouillon ou deux ; vous les mettrez ensuite égoutter sur un tamis. Vous mesurerez votre jus de groseilles, et vous mettrez autant de livres de sucre clarifié dans une poële bien propre, que vous ferez cuire au cassé comme le précédent ; vous y mettrez votre jus de groseilles, faire deux bouillons couverts, vous l'écumerez bien et mettrez ensuite votre gelée dans vos pots.

Gelée de coings.

On les prend presque mûrs, on ôte la peau et les

cœurs, et l'on coupe la chair par morceaux pour la faire bouillir dans de l'eau ; on passe au tamis, et on la finit comme celle de groseilles.

Gelée de pommes et de poires.

Elle se fait de même que celle de groseilles à cette différence près qu'il faut tirer le jus de la pomme en la faisant bouillir dans un peu d'eau ; vous la passerez après dans un linge blanc, vous la pressez un peu et vous vous servirez de ce jus pour mettre dans votre sucre. La cuisson est la même que celle des groseilles : vous connaîtrez quand elle sera cuite, en mettant votre écumoire dans votre poële, que vous retirerez ; et si en la levant et la tenant un peu penchée votre gelée tombe en perles, cela marque qu'elle est assez cuite : vous la mettrez tout de suite dans les pots.

Gâteau de Savoie.

Mettez quatorze œufs dans une balance, et de l'autre côté autant pesant de sucre fin ; ôtez le sucre, et mettez à la place de la farine la pesanteur des sept œufs ; ôtez la farine pour la mettre à part ; cassez les œufs, mettez-les jaunes dans une terrine, les blancs dans une autre ; mettez avec les jaunes le sucre que vous avez pesé et un peu de citron vert râpé, de la fleur d'orange grillée et hachée ; battez le tout ensemble pendant une demi-heure ; ensuite vous y mettrez les blancs d'œufs bien fouettés et la farine que vous avez pesée, que vous mettrez doucement en remuant à mesure le biscuit avec le fouet. Vous avez une casserole de moyenne grandeur et profonde ou une poupetonnière, que vous frottez d'abord avec du beurre raffiné ; essuyez-la bien avec un torchon, et y mettez du beurre raffiné pour qu'il s'étende partout ; mettez-y votre biscuit, et le faites cuire au four d'une chaleur modérée pendant une bonne heure et demie ; quand il sera cuit, vous le renverserez doucement sur un plat ; s'il est d'une belle couleur dorée, vous le servirez dans son naturel ; mais s'il avait trop de couleur, il faudrait le glacer avec une glace blanche qui se fait avec du sucre très-fin, un blanc d'œufs et le jus de la moitié d'un citron ; battez le tout ensemble dans une assiette de faïence avec une cuiller de bois jusqu'à ce que la glace soit blanche, et vous en servez pour couvrir le gâteau ; ne servez que quand la glace sera sèche.

Gâteau d'amandes.

Mettez sur une table, un litron de farine ; faites un trou dans le milieu pour y mettre gros comme la moitié d'un œuf de bon beurre, quatre œufs, blancs et jaunes, une pincée de sel, un quarteron de sucre fin, six onces d'amandes douces pilées très-fin ; pétrissez le tout ensemble, et en formez un gâteau à l'ordinaire, faites-le cuire et le glacez avec du sucre et la pelle rouge.

Gâteau de marrons au chocolat.

Prenez cinq livres de marrons, faites-les bouillir et passez-les tout bouillants dans un tamis. D'un autre côté, prenez deux livres de sucre ou de cassonnade ; faites-en un sirop, lorsqu'il est cuit mettez sur le feu la pâte de marrons dans laquelle vous avez râpé une tasse et demie de chocolat ou deux tasses, selon la qualité. Videz votre sirop peu à peu, en ayant soin de remuer toujours, afin que la pâte soit parfaitement homogène, parfumez à la vanille, et rangez-le dans le plat sur lequel il doit être servi en forme de fromage glacé. Saupoudrez de sucre et brûlez.

Gâteau de riz.

Faites crever une demi-livre de riz dans du lait, après l'avoir bien lavé ; pour que le riz crève bien, il faut ne mettre d'abord que la quantité de lait nécessaire pour le faire baigner ; on en ajoute au fur et à mesure ; ajoutez aussi un bon morceau de beurre quand le riz est bien crevé et épais ; versez-le dans un vase pour refroidir ; cassez huit œufs, et mettez les blancs à part ; incorporez les jaunes avec le riz et ajoutez la quantité de sucre nécessaire : battez ensuite quatre blancs avec un filet d'eau de fleurs d'orange, ajoutez-les à votre riz, et mêlez bien le tout ; beurrez partout une casserole proportionnée à la quantité de riz que vous avez ; remplissez-la aux trois quarts avec le riz ; posez la sur un très-petit feu ; mettez un couvercle avec des charbons allumés par-dessus ; lorsque votre gâteau sera bien pénétré de chaleur, renversez la casserole sur un plat ; le gâteau doit se détacher, si la casserole a été bien beurrée. Si vous ajoutez à ce gâteau du raisin de Corinthe et un peu de beurre, vous aurez une espèce de pouding à l'anglaise.

PATISSERIE.

Pâte à dresser.

Prenez quatre livres de farine ; faites un creux au milieu, et mettez-y une once et demie de sel, une livre et demie de beurre, douze jaunes d'œufs, et le quart d'un litre d'eau peu chaude ; mêlez bien ensemble le beurre, les jaunes d'œufs, l'eau et le sel ; mêlez ensuite la farine petit à petit, et formez du tout une pâte, que vous pétrirez avec les poings ; si elle était trop ferme, vous pourriez y remettre un un peu d'eau. Donnez deux tours de pétrissage à la pâte, mais pas davantage, parce que cela détruirait le liant de la pâte, et qu'il deviendrait difficile de la dresser. La pâte doit rester bien ferme. On doit la tenir un peu plus molle si on la destine à faire des tourtes.

Pâte brisée.

Prenez deux litres de farine, faites un creux dans le milieu, et mettez-y cinq quarterons de beurre, une once de sel, quatre œufs entiers et deux verres d'eau ; maniez comme ci-dessous le beurre avec les œufs, l'eau et le sel, détrempez ensuite la farine, et assemblez la pâte sans pétrir. Donnez-lui quatre tours comme il est expliqué à l'article ci-après.

Pâte feuilletée.

Mettez sur une table deux livres de farine, faites un bassin dans le milieu, et mettez-y une once de sel, un demi-quarteron de beurre, deux blancs d'œufs et deux verres d'eau ; formez votre pâte et rassemblez-la. Après l'avoir laissée reposer une demi-heure, étendez votre pâte et couvrez-la avec une livre de beurre, que vous manierez auparavant, s'il était trop ferme. Vous replierez les deux bords de la pâte sur le beurre, de manière qu'il en soit bien enveloppé. Donnez ensuite deux tours à la pâte. Pour cela étendez-la en long avec le rouleau, jusqu'à ce qu'elle n'ait plus que l'épaisseur du doigt ; alors vous la repliez en trois, et vous lui faites faire un quart de tour pour que ce qui était à l'un de vos côtés, se trouve devant vous. C'est là ce qu'on appelle un tour ; répétez cette opération et laissez reposer la pâte. Lorsque le four commence à chauffer, vous donnez encore trois tours à la pâte, et ensuite vous la découpez selon l'usage que vous en voulez faire.

Dans cette pâte, il y a moitié autant de beurre que de farine. Elle exige cinq tours.

S'il y avait moins de beurre, il ne faudrait qu quatre tours.

Enfin, si on mettait plus de beurre, comme par exemple les trois quarts du poids de la farine, six tours seraient nécessaires.

Dans tous les cas, on donne deux tours en commençant. Les autres ne doivent se donner qu'au moment d'employer la pâte.

Pâte pour timballes.

Mettez sur une table une livre de farine ; faites un trou dans le milieu, pour y mettre un peu d'eau, quatre cuillerées d'huile d'olive et un quarteron de beurre ou de saindoux, deux jaunes d'œufs et du sel ; maniez bien le tout ensemble, et ajoutez peu à peu au mélange toute la farine. Tenez la pâte bien liée et bien ferme.

Pâté froid.

Quelle que soit la viande avec laquelle vous faites votre pâté, il faut la faire revenir auparavant avec du beurre ; il faut aussi faire une farce avec du veau, ou toute autre viande, et du lard, il faut au moins autant de lard que de viande pour la farce, la meilleure proportion est de trois livres de lard pour deux livres de viande. On désosse les viandes de boucherie, les dindons, les chapons, les lièvres. Le jambon doit être cuit avant d'être mis en pâte ; on laisse entiers les perdrix, les pigeons, les canards et les mauviettes.

Toutes les viandes mises en pâté, désossées ou non, doivent être piquées de part en part avec de gros lardons assaisonnés.

Lorsque vous avez préparé vos viandes, haché la farce et fait provision de bardes de lard, prenez de la pâte à dresser, faites-en une boule, et aplatissez-la sur deux feuilles de papier en rond ou en ovale, de l'épaisseur d'un doigt : tracez sur cette pâte la forme de votre pâté, en observant qu'il faut que la pâte déborde de 3 à 4 pouces tout autour ; commencez par étendre sur toute la forme de votre pâté un lit de farce ; arrangez ensuite vos viandes par-dessus, en les entremêlant, si elles sont de différentes espèces ; remplissez tous les intervalles avec de la farce, mettez-en aussi entre chaque couche de viande, serrez bien le tout avec les mains pour former une masse compacte ; continuez ainsi jusqu'à la fin, en montant carrément, unissez bien le tour avec de la farce, couvrez les côtés et le dessus du pâté avec des bardes de lard. Faites ensuite une abaisse de pâte un peu mince sur les bords, et assez grande pour envelopper le pâté ; mettez-la dessus, et faite-lui en prendre la forme, en la comprimant avec les mains ; soudez-la avec le fond que vous aurez mouillé à l'endroit de la jonction, relevez les bords de votre fond le long des parois du pâté, évitez de faire des plis, pour cela, à mesure que vous relevez la pâte, forcez-là à rentrer sur elle-même ; soudez encore ces bords avec l'enveloppe dont vous avez couvert le pâté, en mouillant l'endroit de la jonction, et en pinçant la pâte ; mettez, si vous voulez, un second couvercle, que vous décorerez comme vous l'entendrez ; faites, dans la partie supérieure, une ouverture d'un demi-pouce de diamètre, où vous mettrez une carte roulée ; faites-le cuire dans un four bien chaud que vous aurez laissé un peu tomber. Si votre pâté est fort, il lui faut trois ou quatre heures de cuisson. S'il menaçait de prendre trop de couleur, couvrez-le avec une feuille de papier mouillé; lorsque vous retirerez votre pâté du four, vous enlèverez la carte et vous boucherez l'ouverture avec un morceau de pâte.

Si vous trouvez trop de difficultés à dresser ainsi un pâté, ayez un moule de fer-blanc ; vous y mettrez une abaisse de grandeur suffisante, que vous repliez contre les parois du moule, en forçant la pâte à entrer dans les moulures, et autres dessins dont il est décoré.

Timballe.

C'est un pâté chaud qu'on fait dans une casserole ; prenez de la pâte à timballe, abattez-la avec le rouleau, de l'épaisseur de trois lignes environ ; garnissez entièrement votre casserole avec cette abaisse, en évitant de la rompre ; remplissez avec un ragoût de viande ou de poisson cuit, refroidi et à courte sauce ; couvrez à plat avec une abaisse de même pâte et de même épaisseur ; mouillez les bords de la pâte qui garnit votre casserolle et qui doit la dépasser un peu ; soudez-la avec le couvercle ; posez votre casserole sur des cendres rouges ; enveloppez-la le plus que vous pourrez avec les cendres ; mettez un couvercle sur la casserole et du feu par-dessus. Lorsque la pâte aura pris couleur et sera cuite, retournez la casserole sur un plat, vous ouvrirez la timballe par-dessus, pour y verser une sauce, qui remplacera celle que la pâte aura bue.

Vous pouvez aussi faire la pâte à part, en remplissant la timballe de farine, comme il est indiqué l'article du pâté chaud.

La timballe sert surtout à déguiser un râgoût qui a déjà été servi.

Vol-au-vent.

Prenez de la pâte de feuilletage à six tours ; elle

doit contenir deux parties de beurre et trois parties de farine ; abaissez-la de la grandeur qui vous convient. Faites une abaisse de pâte brisée de la même grandeur, couvrez-la avec l'abaisse de feuilletage, après l'avoir mouillée ; soudez-les ensemble, en passant légèrement le rouleau ; prenez un moule de deux pouces plus petit que votre abaisse, et enfoncez-le dans la pâte de toute l'épaisseur du feuilletage, il restera un bord d'un pouce de large, qui forme celui de votre vol-au-vent ; faites cuire au four, ou sous le four de campagne, lorsqu'il est cuit, levez la pièce du milieu qui a été cernée par le moule que vous avez enfoncé dans la pâte, ôtez la mie, et mettez à la place tel ragoût qui vous conviendra.

Tourte pour entrée.

Prenez de la pâte brisée, assemblez-la et étendez-la avec le rouleau, de la grandeur du plat que vous devez servir ; mettez cette abaisse sur une tourtière, posez par-dessus ce que vous destinez à la remplir ; il faut que ce que vous mettez dans la tourte soit cuit aux trois quarts, comme si vous vouliez en faire un ragoût ; lorsque tout est bien disposé, couvrez avec une autre abaisse, que vous souderez avec celle de dessous en mouillant et pinçant les bords que vous façonnez de votre mieux ; dorez à l'eau ou à l'œuf, faites cuire au four ou sous un four de campagne ; lorsqu'elle est cuite, ouvrez-la, pour y verser une sauce ou un ragoût analogue à ce qui la remplit.

Vous pouvez faire ainsi des tourtes de godiveau, de pigeons en compote, de lapin en gibelotte, et de toute sorte de ragoûts.

Petits patés.

Prenez de la pâte de feuilletage à cinq tours, abaissez-la d'une ligne et demie d'épaisseur, coupez la avec un moule rond, mettez sur chaque morceau gros comme une petite noix de godiveau mêlé avec du persil et de l'oignon hachés très-fin ; couvrez avec un morceau de pâte égal à celui de dessous ; dorez-les avec de l'œuf battu ; faites cuire au four ou sous le four de campagne.

On peut varier à volonté la garniture des petits pâtés, en substituant au godiveau des quenelles de volailles, de poisson, des farces de toute espèce, etc.

Tartes et tartelettes.

On peut faires des tartes avec toutes les espèces de crêmes, il faut seulement leur donner plus de consistance que lorsqu'on les prépare pour entremêts ; on peut en faire également avec toutes les espèces de confitures, à l'exception des gelées qui se liquéfient dans le four, et empêchent la pâte de cuire.

Lorsqu'on veut faire des tartes avec des gelées ou avec des compotes de fruits très-liquides, on forme une tarte à l'ordinaire, on met sur son fond une feuille de papier beurré, et par-dessus un rond de pâte commune. On fait cuire la tarte, lorsqu'elle est cuite, on enlève le rond de pâte et la feuille de papier, et on ajoute les gelées et les compotes.

On peut encore composer la tarte de deux abaisses égales, et cerner celle de dessus avec un couteau, à un pouce près du bord ; lorsque la tarte est cuite, on enlève le rond du milieu et on met à sa place tout ce qu'on veut.

Les tartelettes ne diffèrent des tartes que par la grandeur, la façon est la même.

Meringues.

Prenez des blancs d'œufs et du sucre en poudre, à raison d'une once pour deux blancs ; fouettez les blancs en neige, mêlez-les avec le sucre, auquel vous avez ajouté de la fleur d'orange pralinée en poudre, ou de l'écorce de citron râpée ; mettez votre pâte par petits tas, séparés les uns des autres, sur des feuilles de papier, saupoudrez-les de sucre, et faites-les cuire. Il leur faut peu de chaleur. Lorsque les meringues sont cuites, vous les creusez un peu en dessous, vous les tenez sèchement pour qu'elles ne s'amolissent pas, et au moment de servir, vous les unissez deux à deux, après avoir rempli le vide que vous y avez fait avec une crème en mousse, des confitures, une crème cuite un peu épaisse, etc.

Macarons.

Prenez une demi-livre d'amandes et autant de sucre, après avoir mondé vos amandes, pilez-les, en ajoutant un peu de sucre en poudre pour les empêcher de tourner en huile ; faites-les sécher, et pilez-les encore, en ajoutant de temps en temps autant de blanc d'œufs qu'il en faut pour faire du tout une pâte qui ne soit pas trop liquide ; les blancs d'œufs doivent être fouettés. Mettez votre pâte sur des feuilles de papier, par petits tas gros comme une noix, faites cuire à une chaleur douce au four, ou sous le four de campagne.

Vous pouvez ajouter quelques amandes amères, ou substituer des pistaches aux amandes.

Croquignoles.

Prenez un quarteron d'amandes, dont trois ou quatre amères, un quarteron de sucre, une demi-livre de farine, un peu de fleur d'orange pralinée, ou d'écorce de citron râpée, et gros comme la moitié d'un œuf de beurre ; pilez les amandes avec un blanc d'œuf que vous ajoutez successivement ; lorsqu'elles sont bien pilées, ajoutez le sucre, etc., et autant d'œufs entiers qu'il est nécessaire pour former une pâte ferme.

Prenez des morceaux de cette pâte gros comme des avelines, roulez-les, et posez-les sur un plafond beurré, en les comprimant un peu pour les attacher, dorez-les à l'œuf, faites les cuire au four, ou sous le four de campagne un peu chaud.

Massepains.

Prenez trois livres de sucre, trois livres d'amandes douces et une livre d'amandes amères, pelez les amandes et les faites bien sécher : pilez-les dans un mortier et faites-en une pâte très-fine, en jetant dessus de temps en temps un peu de blanc d'œuf; cela fait, clarifiez le sucre et le faites cuire au petit boulé, retirez ensuite votre bassine de dessus le feu, et y versez votre pâte d'amandes ; vous remettrez la bassine sur des cendres chaudes, et remuerez sans discontinuer, pour que la pâte ne brûle pas. Vous jugerez qu'elle est bien faite, lorsqu'en en ayant mis un peu sur le dos de la main, vous pouvez l'enlever sans qu'elle s'y attache, alors mettez-la sur une table saupoudrée de sucre ; vous l'y laissez refroidir, et l'étendez en abaisses de l'épaisseur d'un petit écu ; ensuite vous la découpez en différents dessins, vous les mettez à mesure sur des feuilles de papier, et les faites cuire à une chaleur douce ; glacez-les comme les biscuits.

Poupelain.

Mettez dans une casserole un demi-litre d'eau, un demi quarteron de beurre, une écorce de citron, un peu de sel ; placez la casserole sur le feu ; lorsque l'appareil sera prêt à bouillir, vous y mettrez de la farine autant que l'eau en pourra boire ; quand la pâte sera épaissie et ne collera plus les doigts, vous casserez deux œufs dedans, vous les mêlerez avec votre pâte, vous en mettrez jusqu'à ce qu'elle soit molle ; beurrez une casserole pour la contenir ; vous la ferez cuire à un feu doux ; il faut que le poupelain soit un peu sec ; lorsqu'il est cuit, barbouillez-le en dedans de gelée de groseille et marmelade d'abricots, et renversez-le sur le plat que vous devez servir, sur lequel vous aurez eu soin de ployer une serviette.

Chaussons.

Ils se garnissent en marmelade de pommes ou de tous autres fruits à volonté. Pré. arez comme pour la tarte. Etendez-les sur une abaisse de pâte ferme, et recouvrez-la en repliant par-dessus une partie de ladite abaisse : vous lui donnerez ainsi la forme d'une demi-lune, et ferez attention de bien souder les bords, en les mouillant un peu pour qu'ils se réunissent mieux sous le doigt.

Biscuits.

Battez des blancs d'œufs jusqu'à consistance de neige : battez séparément les jaunes avec du sucre en poudre, à raison d'une once et demie par œuf, et mêlez-les bien avec une once par œuf de fleur de farine, jetez votre neige dans cette pâte, en la tournant jusqu'à ce que le tout soit parfaitement incorporé.

Cette pâte vous servira pour faire des biscuits au moule, ou en caisse dans du papier blanc. Si vous avez un moule à biscuits de Savoie, et que vous en vouliez faire un, vous ajouterez un peu de sucre et de rapure de zeste de citron, ou tout autre arome qui puisse convenir. Les moules se graissent en dedans avec un peu de beurre frais avant d'y mettre la pâte.

Petits biscuits soufflés.

Fouettez six blancs d'œufs en neige, ajoutez-y

huit onces de sucre pilé et passé au tamis de soie ; cette opération faite, on dresse ces biscuits sur des feuilles de papier : on les fait de la grosseur d'une noix, on les cuit à four très-doux, on les aromatise suivant le goût, ce que l'on fait en composant la pâte.

Gauffres.

Prenez fleur de farine et moitié poids de crème, sucre en poudre autant que de crème et de farine, faites du tout une pâte très-claire, fouettez-la bien, et aromatisez-la d'eau de fleur-d'orange.

Votre gauffrier étant chaud et graissé entièrement avec du beurre frais, prenez de la pâte au bout d'un pinceau et remplissez-le, après quoi vous l'exposerez à un grand feu de charbon, chaque côté l'un après l'autre. Saupoudrez vos gauffres de sucre en poudre, à mesure que vous les tirez du gauffrier.

Crêpes.

Vous battez bien huit jaunes d'œufs et la moitié des blancs, et vous les mêlez avec un litre de lait. Délayez d'abord votre farine avec un peu de lait, et versez la par degrés sur les œufs ; ajoutez deux cuillerées de gingembre concassé, un petit verre d'eau-de-vie, un peu de s l et remuez bien. Mettez un peu de beurre dans une poêle versez-y de votre pâte une cuillerée suffisante pour faire une crêpe et balancez votre poêle afin que la pâte s'étende convenablement. Secouez la poêle et retournez votre crêpe lorsque vous la croyez cuite d'un côté. Quand elle l'est des deux côtés, mettez-la sur un plat devant le feu. Recommencez et continuez de même, jusqu'à ce que vous ayez la quantité de crêpes que vous désirez. Saupoudrez-les d'un peu de sucre avant de les servir.

Ramequin.

Mettez un demi-litre de crème dans une casserole, avec un quarteron de beurre ; et lorsqu'elle commence à frémir, vous y mettez deux poignées de farine, et faites dessécher cette pâte, jusqu'à ce qu'elle ne colle plus aux doigts ; vous la retirez du feu ; et faites boire sept ou huit œufs, et deux par deux ; vous y incorporez une demi-livre de fromage de gruyère coupé en petits dés, et une pincée de mignonette ; couchez vos ramequins sur des feuilles, après les avoir dorés avec de l'œuf, faites-les cuire dans un four doux. Vous les retirez lorsqu'ils sont fermes et d'une belle couleur.

Robes de chambre.

Ayez six onces d'amandes sèches et bien hachées, quatre blancs d'œufs, sucre pilé et passé au tamis de soie, suffisante quantité pour rendre la pâte maniable ; on bat les blancs d'œufs en neige et on y ajoute successivement les amandes et le sucre, on aromatise avec l'essence de citron.

Tourons.

Ici on suit les mêmes procédés que pour les robes de chambre ; mais au lieu d'amandes on se ser d'avelines, et on colore en rose avec du carmin liquide. On en fait cependant aussi aux amandes et aux pistaches, etc. On aromatise selon le goût.

Pudding Anglais.

Après avoir battu cinq œufs dans un litre de lait, que vous mêlez avec de la farine, jusqu'à ce que le tout ait pris la consistance d'une pâte à la crême, vous y mettez un peu de sel et de muscade râpée ; vous frottez de beurre une lèchefrite ou une poële à frire, vous la placez sous un morceau de bœuf, de mouton, ou sous une longe de veau à la broche, et vous mettez votre pudding dedans. Lorsque la côte supérieure a pris couleur, vous le coupez en morceaux carrés, et vous tournez de l'autre côté, pour qu'il se colore de même. Mettez votre pudding sur un plat chaud, après l'avoir bien dégraissé, et servez chaud.

Dumpling aux pommes.

Pelez des pommes, enlevez-en les cœurs, et remplissez l'espace vide de confiture de coings, de sucre, ou de marmelade d'orange. Prenez un morceau de pâte froide, et faites-y un creux comme si vous vouliez faire un pâté. Introduisez une pomme dans ce creux, donnez la même forme à un autre morceau de pâte, et emboîtez-les l'un sur l'autre. Liez votre dumpling dans un linge, faites-le bouillir trois quarts d'heure et servez.

CONFITURES ET CONSERVES.

Clarification du sucre.

Il faut prendre le blanc d'un œuf, le battre avec la main et de l'eau suivant ce que vous voulez mettre de sucre ; faites bouillir en mettant de temps en temps de l'eau froide jusqu'à ce que le sucre soit clair et bien écumé ; tirez-le du feu, et le passez dans une serviette blanche ou dans un tamis ; vous en ferez après l'usage qu'il vous plaira.

Diverses cuissons du sucre.

Chaque cuisson de sucre a son usage, suivant l'emploi que l'on en veut faire ; elles se suivent à mesure qu'il continue à bouillir. Après l'avoir fait clarifier, comme je viens de le dire, vous le remettez sur le feu pour le faire bouillir. Vous connaissez qu'il est au *petit lissé*, qui est sa première cuisson, en trempant un doigt dedans, l'appuyant contre un autre, et les ouvrant tous les deux, s'il se fait un petit fil qui se casse et se retire en goutte sur les doigts. La seconde, qui est *le grand lissé*, a un bouillon de plus ; le fil ne se casse pas facilement, et s'étend plus long dans les doigts. La troisième, qui est *le petit perlé*, a un bouillon de plus, et se connait en faisant la même opération, si le fil ne se casse pas. La quatrième, qui est *le grand perlé*, se connait en ce que le sucre en bouillant, forme des perles rondes et élevées. La cinquième est *la petite et grande queue de cochon*, qui se connait en lui faisant faire un bouillon de plus : prenant du sucre avec l'écumoire, le laissant tomber, il forme la queue de cochon ; s'il tombe gros, c'est la grande queue de cochon. La sixième cuisson, c'est *le soufflé*, que vous connaissez en continuant à le faire bouillir ; en trempant l'écumoire dans le sucre, puis soufflant à travers les trous, il en sort des étincelles de sucre, ou des espèces de petites bouteilles. La septième, qui est *la petite et grande plume*, se connaît de la même façon que la précédente, à la différence que les espèces de petites bouteilles doivent être plus fortes ; et, pour la grande plume, vous trempez l'écumoire dans le sucre d'un revers de main : il en doit sortir des étincelles longues qui se tiennent ensemble s'élevant en l'air. La huitième, qui est *le petit et grand boulé*, se connaît en lui faisant faire quelques bouillons de plus. Vous mettez de l'eau fraîche auprès de vous, vous y trempez deux doigts, en prenant promptement du sucre avec, et les remettez promptement dans de l'eau ; le sucre que vous avez pris, vous le roulez dans les doigts : il doit se ramasser comme une pâte pour en faire une petite boule qui reste molle étant refroidie : pour le grand boulé, elle doit être plus ferme. La neuvième cuisson est *le cassé* ; elle se connaît de la même façon que le grand boulé, à cette différence que la petite boule que vous avez étant rafraîchie dans l'eau, il faut qu'elle se casse en la pressant dans les doigts. La dixième, qui est *le caramel*, est peu différente de celle du cassé. Il y a le caramel foncé qui se fait différemment ; il faut seulement mettre du sucre avec de l'eau, et le faire bouillir à grand feu jusqu'à ce qu'il soit au degré de couleur que vous le voulez. Quand on a manqué le degré des cuissons que l'on veut faire, l'on remet un peu d'eau dans le sucre, et on le fait revenir à son point en le faisant bouillir.

Marmelade d'abricots.

Coupez le plus mince que vous pourrez six livres d'abricots point trop mûrs, et les mettez à mesure dans un chaudron bien propre ; cassez les noyaux, ôtez-en la peau, et les coupez très-fin pour les mettre aussi avec les abricots ; pilez quatre livres et demie de sucre pour les mettre aussi avec les abricots ; mettez votre chaudron sur un feu clair et remuez toujours avec une écumoire, de crainte que la marmelade ne s'attache au fond ; lorsque les abricots sont avancés de cuire, vous descendez de temps en temps le chaudron pour écraser les morceaux d'abricots qui ne se mettent point en marmelade ; faites-la cuire jusqu'à ce qu'elle se colle dans vos doigts sans trop de résistance, en prenant de cette marmelade dans les doigts, et les appuyant l'un contre l'autre ; vous la mettrez ensuite en pots.

Marmelade de pommes.

Faites bouillir des pommes de reinette entières dans de l'eau jusqu'à ce qu'elles commencent à fléchir sous les doigts ; retirez-les à l'eau fraîche pour leur ôter la peau ; prenez-en la chair que vous passez au travers du tamis, en les pressant fort : mettez ce que vous avez passé dans une poële pour la faire désséchər sur le feu jusqu'à ce qu'elle soit épaisse ; faites cuire à la grande plume autant pesant de sucre que de marmelade, mêlez-les ensemble en les remuant avec une spatule, remettez sur le feu seulement pour faire chauffer en remuant toujours ; lorsqu'elle commence à bouillir, vous l'ôtez et la mettez dans les pots quand elle est un peu refroidie : ne les couvrez que lorsqu'ils seront tout-à-fait froids.

Marmelade de poires.

Faites cuire dans de l'eau, jusqu'à ce qu'elles soient tendres, la quantité de poires de rousselet que vous jugerez à propos ; ôtez-en la peau, et n'en prenez que la chair, que vous passerez dans un tamis ; mettez-la sur le feu, et la remuez toujours jusqu'à ce qu'elle soit près de s'attacher à la poële ; ensuite vous la pesez, et mettez autant de sucre dans une poële avec un verre d'eau ; faites bouillir et écumer. Continuez de faire bouillir jusqu'à ce que trempant l'écumoire dedans, et la secouant, il s'élève de longues étincelles qui se tiennent ensemble ; mettez-la marmelade pour la délayer avec le sucre sur le feu ; quand elle commencera à frémir, vous la mettrez dans les pots, et quand elle sera froide, vous mettrez par-dessus un peu de sucre fin.

Marmelade de fraises.

Épluchez et lavez une demi-livre de fraises ;

faites-les égouttez, et les passez dans un tamis pour les mettre en marmelade. Mettez sur le feu une livre de sucre, avec un verre d'eau, et faites le bouillir et bien écumer ; continuez de le faire bouillir jusqu'à ce que trempant l'écumoire dedans et la secouant, il en sorte de longues étincelles. Mettez-y votre marmelade de fraises pour la délayer avec le sucre, en la remuant toujours sur un moyen feu sans qu'elle bouille, et la mettez dans des pots ; vous vous réglerez sur cette dose pour la quantité que vous voulez faire.

Marmelade de cerises.

Faites cuire deux livres de sucre de la même façon que pour la marmelade de fraises ; ensuite vous y mettrez quatre livres de cerises, après leur avoir ôté les noyaux et les queues. Remuez-les avec le sucre, et les faites bouillir ensemble jusqu'à ce que le sirop se colle dans vos doigts : ôtez-la du feu pour la mettre dans les pots.

Marmelade de pêches.

Pelez des pêches ; qu'elles ne soient pas trop mûres, après avoir ôté le noyau, vous les coupez en petits morceaux ; ensuite vous ferez cette marmelade comme celle des abricots.

Marmelade de coings.

Prenez la quantité de coings que vous jugerez à propos, et faites les cuire dans l'eau jusqu'à ce qu'ils soient tendres. Mettez-les à l'eau froide jusqu'à ce qu'ils soient tout-à-faits froids, coupez-les en quatre pour en ôter les cœurs et les peaux. Écrasez-les et les passez dans un tamis ; mettez ce que vous avez passé sur le feu, et le tournez toujours jusqu'à ce que la marmelade soit épaisse. Pesez-la, et mettez autant pesant de sucre que vous avez de marmelade, faites-le cuire de la même façon que pour la marmelade de poires, que vous trouverez ci-devant, ensuite vous mettrez la marmelade avec le sucre, pour les délayer ensemble sur le feu : vous la retirerez quand elle commencera à frémir, pour la mettre dans les pots.

Conserves de groseilles.

Prenez une livre de groseilles rouges, ôtez-en les grappes, et les mettez sur le feu avec un verre d'eau. Faites les cuire jusqu'à ce qu'elles aient rendu leur eau ; passez-les dans un tamis en les pressant fort, afin qu'il n'y reste plus que les peaux. Mettez sur le feu tout ce que vous aurez passé, et faites réduire jusqu'à ce que cela vous forme une marmelade épaisse. Mettez une livre de sucre dans une poêle avec un verre d'eau ; faites bouillir et écumer. Continuez de faire bouillir jusqu'à ce que, trempant les doigts dans de l'eau, ensuite dans le sucre, et les remettant dans de l'eau, le sucre qui reste à vos doigts se casse net. Otez-la du feu, et y mettez votre marmelade de groseilles ; remuez-les ensemble jusqu'à ce que vous voyiez qu'il se forme une petite glace dessus, dressez-la dans un moule de papier blanc.

Conserve de cerises.

Faites cuire une livre de sucre de la même façon que pour la conserve de groseilles. Prenez une livre de belles cerises, ôtez-en les queues et les noyaux, et les mettez sur le feu pour leur faire rendre leur eau, ensuite vous les passez dans un tamis, en les pressant fort, pour qu'il n'y reste plus que les peaux. Mettez sur le feu tout ce que vous avez passé pour le faire dessécher et finissez votre conserve comme celle de groseilles.

Conserve d'abricots et de pêches.

Faites cuire une livre de sucre de la même façon que celui de la conserve de cerises. Quand il est à son point, mettez y un quarteron pesant de marmelade d'abricots, faite de cette façon : prenez quinze ou dix-huit abricots, suivant leur grosseur, qui ne soient pas tout-à fait mûrs, ôtez en les noyaux et les peaux. Coupez-les par morceaux, et faites cuire avec un peu d'eau, jusqu'à ce qu'ils soient en marmelade bien desséchée et épaisse ; mettez la dans le sucre et finissez la conserve comme celle de groseilles. La conserve de pêche se fait de la même façon que celle d'abricots.

Conserve de raisins.

Ordinairement, pour toutes sortes de confitures de raisin, l'on prend du muscat, parce qu'il est le meilleur. Prenez une livre et demie de raisin, ôtez-en la grappe, et le mettez sur le feu pour le faire crever, ensuite vous le passez à force dans un tamis, jusqu'à ce qu'il n'y reste plus que les peaux et les pepins. Mettez tout ce que vous avez passé sur le feu et le faites dessécher jusqu'à ce que votre marmelade soit bien épaisse. Faites cuire une livre de sucre de la même façon que celui de la conserve de groseilles : quand il est à son point de cuisson, mettez-y la marmelade, et la finissez de même.

Conserve d'oranges.

Mettez une demi-livre ou trois quarterons de sucre dans une poêle avec un demi-verre d'eau, faites-le bouillir sans l'écumer, jusqu'à ce que trempant l'écumoire dans le sucre et soufflant au travers des trous, il en sorte de grandes étincelles de sucre : ôtez-le du feu. Quand il sera à moitié froid, vous aurez toute prête l'écorce d'une orange douce et râpée très fin, que vous mettrez dedans, et la remuerez avec le sucre jusqu'à ce qu'il commence à s'épaissir : vous verserez la conserve dans le moule. Celles de citrons et de bigarades se font de même.

Conserve de café et de chocolat.

Mettez une livre de sucre dans une poêle avec un verre d'eau, faites bouillir et écumer. Continuez de faire boullir jusqu'à ce que trempant l'écumoire dans le sucre, et soufflant au travers des trous, il en sorte de petites étincelles de sucre. Otez-le du feu et le laissez un peu refroidir. Mettez-y une once de café moulu, et les remuerez ensemble. Quand ils seront bien mêlés, vous verserez votre conserve dans le moule. La conserve de chocolat se fait de même; à cette différence qu'il ne faut qu'une demi-once de chocolat râpé très-fin pour une livre de sucre.

Confiture de prunes.

Prenez telles prunes que vous jugerez à propos, comme *perdrigeons, reines-claudes, mirabelles ou autres sortes*; faites les blanchir. Quand elles seront mollettes sous les doigts vous les retirerez avec une écumoire, et les mettrez dans de l'eau fraiche.

Vous clarifiez cinq livres de sucre pour un cent de prunes; vous les mettrez dans un vase bien propre une à une, pour qu'elles ne s'écrasent pas, et vous y mettrez votre sucre un peu plus que tiède. Tous les jours, soir et matin, pendant quatre ou cinq jours, vous mettrez égouttez vos prunes sur un tamis, vous ferez bouillir votre sucre que vous écumerez toutes les fois, et remettrez vos prunes dans votre vase et votre sucre par dessus, toujours un peu plus que tiède.

Il faut que vos reines-claudes soient vertes et les autres prunes de leur couleur.

A la fin, si vous voyez que votre sucre ne soit point assez en sirop à la dernière cuisson, vous le ferez assez cuire, en y mettant deux verres d'eau pour le dégraisser, alors vous le jetterez tout bouillant sur vos prunes.

Compote de coings.

Prenez trois gros coings : s'ils sont petits, vous en prendrez davantage, mettez-les dans de l'eau.

bouillante pour les faire cuire jusqu'à ce qu'ils soient tendres sous les doigts, vous les mettez après dans de l'eau froide, et les coupez en quatre. Lorsque vous aurez ôté les cœurs et pelé proprement, vous mettrez un quarteron de sucre dans une poële avec un demi-verre d'eau ; faites bouillir et écumer, et mettez-y les coings pour achever de les faire cuire. Servez chaudement à court sirop.

Compote de raisin.

Mettez dans une poële un quarteron de sucre avec un demi-verre d'eau, faites bouillir, écumer et réduire en sirop fort, mettez dans ce sirop une livre de raisin muscat égrainé, et dont vous aurez sorti les pepins, faites lui faire deux ou trois bouillons, et dressez dans le compotier. S'il y a de l'écume, enlevez-la avec du papier blanc.

Compote de marrons.

Faites cuire des marrons dans la cendre, de la même façon que si vous vouliez les servir dans une serviette : quand ils seront pelés, mettez-les dans une poëlo avec un quarteron de sucre et un demi-verre d'eau, faites-les frémir sur un petit feu environ un demi-quart d'heure. Avant que de les servir vous y presserez un petit jus de citron et en servant vous les saupoudrez de sucre fin.

Compote de pommes.

Coupez vos pommes en deux ou en quatre, selon

la grosseur, ôtez-en le cœur, mettez-les cuire avec un peu d'eau et suffisante quantité de sucre ; vous n'attendrez point pour les dresser qu'elles se mettent en marmelade ; vous les arroserez de leur sirop après l'avoir fait reduire.

Nota. On ne pèle que les pommes reinettes, et l'on se contente de piquer légèrement la peau des autres, de quelque espèce qu'elles soient.

Compote de poires.

Jetez vos poires dans l'eau bouillante, et les retirez dans de l'eau fraiche avant leur entière cuisson ; pelez-les, ôtez-en l'œil ; rognez la queue, et remettez-les, entières ou coupées en deux, dans de l'eau fraiche ; vous ferez ensuite un sirop dans une poële : quand il bouillira, jetez vos poires dedans avec une tranche de citron, et laissez-le s'achever de cuire : on les sert chaudes ou froides à volonté.

Compote de cerises.

Mettez dans une poële, avec un peu d'eau et de sucre, des cerises dont vous aurez raccourci la queue ; couvrez-les, et faites faire quelques bouillons ; vous les dresserez ensuite, et les arroserez de leur sirop ; ayez soin de les laisser refroidir.

Compote de groseilles.

Faites cuire du sucre dans une quantité d'eau proportionnée pour faire un fort sirop que vous aurez soin de bien écumer ; quand il sera en bon point, vous jetterez vos groseilles dedans après les avoir bien lavées et égouttées, et leur laisserez faire quelques bouillons, écumez une autre fois le sirop en tirant votre compote du feu, dressez-la pour la servir froide.

Compote de fraises.

Après avoir épluché et égoutté vos fraises, vous les jetterez dans un sirop bouillant, semblable à celui ci-dessus indiqué pour les groseilles ; mais, au l'eu de les faire bouillir, vous les tirerez aussitôt du feu pour les laisser reposer : peu après vous leur ferez faire un bouillon, et de suite les enlèverez.

Compote de prunes.

Faites blanchir vos prunes à l'eau bouillante, et jetez-les dans de l'eau froide quand elles fléchiront bien sous le doigt ; ensuite vous les remettrez sur le feu avec un peu d'eau et suffisante quantité de sucre : ne les laissez point bouillir. Cette compote se sert froide.

Compote d'abricots.

Fendez vos abricots en deux, ôtez les noyaux, et rangez-les sur un plat de terre ou autre ustensile convenable dont vous aurez saupoudré le fond de sucre râpé ; arrosez-les légèrement avec de l'eau, et mettez-les sur un feu doux pour bouillir jusqu'à presque totale réduction du sirop ; vous sèmerez alors du sucre dessus, et les glacerez sous un couvercle ou de toute autre manière ; dressez votre compote quand elle sera parfaitement cuite, et servez-la froide.

Compote de pêches.

Fendez vos pêches, ôtez-en les noyaux et faites-les blanchir pour pouvoir les peler ; faites un sirop comme pour les groseilles, et mettez cuire vos pêches dedans ; retirez-les, faites réduire le sirop, et les en arrosez dans le compotier, et servez froid.

Charlotte de pommes.

Coupez quinze pommes en quartier, et ôtez-en la peau et les pepins ; vous coupez chaque quartier en lames et les mettez dans une casserole, avec un bon quarteron de beurre, une demi-livre de sucre en poudre et un peu de canelle. Vous faites cuire vos pommes sur un fourneau très-vif, et vous faites attention qu'elles ne se mettent pas en marmelade d'abricots et ôtez la canelle. Vous coupez de la mie de pain en tranches et très minces : vous avez un moule de cuivre uni, lequel vous garnissez de cette mie de pain trempée dans le beurre, et vous y versez ensuite vos pommes, que vous couvrez encore de mie de pain. Faites cuire la charlotte dans la cendre chaude ou dans un four. Lorsque vous êtes persuadé qu'elle a une belle couleur, vous la renversez sur le plat que vous devez servir.

Préparation des fruits confits.

Les fruits sont très difficiles à confire vu le grand nombre de précautions qu'il faut prendre pour arriver à une réussite certaine,

Pour bien opérer, il faut être habitué à choisir convenablement les fruits, à les préparer et à les cueillir dans l'état de maturité qui leur convient. Pour les compotes, ils demandent à être plus mûrs que pour être confits et il faut qu'ils soient parvenus à leur plus haut point de maturité, pour pouvoir être employés aux marmelades. Une précaution non moins essentielle est celle de bien blanchir le fruit sans le cuire, et bien se persuader que la beauté de ce fruit est décidée par la première façon. N'employer, autant que possible que du sucre bien décuit pour commencer, car si le sucre est trop cuit, il ne peut pénétrer la chair, ce qui le fait racornir et le rend désagréable à l'œil, ajoutez à cela qu'il est de mauvaise qualité, car presque toujours un fruit mal confit fermente, il devient acide, noircit, moisit et n'est plus propre à rien.

Abricots verts.

Les abricots doivent être cueillis avant que leur noyau soit formé ; ainsi cueillis, on les brosse bien, et on les passe au sel dans un linge afin de ne point laisser du duvet qui les recouvre. Cette opération préliminaire étant faite, on les pique avec une épingle, et on les met au fur et à mesure dans l'eau fraîche.

Quand ils sont tous piqués, on les blanchit en

ayant grand soin de ne pas faire bouillir l'eau, mais de la maintenir dans un état voisin de celui de l'ébullition. On reconnait qu'ils sont assez blanchis quand la tête d'une épingle les traverse sans efforts ou quand ils fléchissent sous le doigt qui les presse.

On fait revenir leur couleur au moyen du sulfate de cuivre.

On fait bouillir du sucre clarifié très décuit ; aussitôt qu'il bout on y met les abricots auxquels on fait prendre quelques bouillons, on les retire et on les met dans une terrine ; le lendemain on les égoutte, on fait cuire le sucre au lissé, on y jette les abricots, on leur donne quelques bouillons, on leur donne ainsi cinq façons d'un jour à autre jusqu'à ce que le sucre soit cuit au grand perlé, alors on égoutte les fruits, on cuit au soufflé, on met les abricots prendre un bouillon couvert et on les place en trappes. C'est ici qu'il faut faire observer que le sucre qui convient le mieux pour les fruits est celui dit de l'*Inde* ; il ne faut jamais en employer d'autre, car il n'est pas comme celui de la Martinique sujet à se candir, mais il faut le choisir sans mauvais goût, parce qu'il le communiquerait aux fruits ; il ne faut pas oublier de choisir le plus beau.

Abricots en quartiers.

Il faut choisir de même de beaux abricots pris quelques jours avant leur maturité : on les pèle, on les coupe, on les blanchit, on les fait bouillir dans du sucre décuit, un peu plus de temps qu'à l'ordinaire s'il sont un peu durs ; la seconde façon se donne le lendemain ; le sur-lendemain on cuit son sucre au perlé, on y met les abricots auxquels on donne un bouillon rentré, le lendemain on les égoutte de nouveau, on fait cuire le sucre à bon perlé et on leur fait prendre un bouillon couvert ; enfin, pour la dernière façon, on les égoutte, on cuit le sucre au soufflé, on leur donne un bouillon couvert et ils sont finis.

Les abricots entiers et tournés se confisênt de la même manière.

Pêches, Prunes et Figues confites.

Les pêches se choisissent, se blanchissent et se confisent de même que les abricots verts ; pendant l'opération, il est quelquefois utile d'ajouter du sucre, car ces fruits en absorbent beaucoup. Les prunes reine-claude, les mirabelles et autres espèces de prunes, ainsi que les figues, se confisent de même.

Angélique confite.

On prend des tiges tendres d'angélique, on les coupe de la longueur de six à huit pouces. On les met dans de l'eau sur le feu, et quand cette eau est prête à entrer en ébullition, on retire de dessus le feu et on laisse ramollir ces tiges jusqu'à ce qu'on puisse en ôter les filamens avec un couteau. On les met au fur et à mesure dans l'eau fraîche, ensuite dans une bassine sur le feu, on les reverdit comme les autres fruits, et on les finit de même.

On peut faire entrer plusieurs de ces tiges les unes dans les autres, elles tiennent moins de place et se travaillent plus aisément.

Poires rousselet confites.

On fait choix de belles poires rousselet qu'on tourne le mieux possible, on les jette au fur et à mesure à l'eau fraiche dans laquelle on a mis un peu d'alun en poudre ; ensuite on les fait blanchir, et quand elles sont dans cet état, on les met à l'eau fraîche, on les égoutte et l'on opère comme pour les autres fruits.

Toutes les poires susceptibles de se confire se préparent et se confisent de même.

Coings en quartiers.

Il s'agit ici d'avoir de beaux coings, qui soient bien jaunes, on les coupe en quatre, on les pèle et on en extrait les pepins, on les jette dans l'eau fraîche légèrement alunée, on les blanchit, on les égoutte et l'on opère comme ci-dessus.

Les coings entiers se confisent de la même manière, seulement il faut qu'ils soient tournés.

Oranges glacées.

On choisit les oranges les plus belles, on les tourne, on les pique et on les blanchit, et confit comme ci-dessus ; on les égoutte et fait sécher à l'étuve. Etant ainsi préparées, on fait cuire du sucre clarifié au petit boulé ; quand il est arrivé à ce degré de cuisson, on le tourne aux parois du poëlon avec une fourchette jusqu'à ce qu'il blanchisse. Lorsqu'il commence à blanchir on pose la fourchette dans le milieu, et de suite on y met les oranges que l'on roule dedans, l'une après l'autre, et ce, afin que l'orange se recouvre de sucre partout ; quand elles sont bien garnies, on les retire et on les laisse refroidir pour les conserver dans un lieu très sec.

Les oranges glacées sont très difficiles à faire ; il faut prendre de grandes précautions pour les bien glacer, car il arrive souvent qu'on les manque ; pour obvier à cet inconvénient, il ne faut pas trop sabler son sucre, parce qu'il deviendrait trop consistant et ne s'attacherait pas après le fruit ; c'est donc à l'opérateur à saisir le moment favorable, ce qu'il reconnaîtra facilement, car dès que le sucre commence à se granuler, il faut y mettre l'orange qui a été bien séchée, sans cela la glace ne tiendrait pas après, car l'humidité décuirait le sucre et dans cet état on conçoit qu'il ne peut se fixer autour de l'orange et la bien recouvrir.

Noix confites.

Les noix dont on se sert pour confire ne doivent pas encore avoir la coquille formée ; on enlève le brou le plus proprement et le plus promptement possible, on les jette dans l'eau fraîche au fur et à mesure qu'on les épluche ; cette eau doit être légèrement alunée ; ensuite on les blanchit jusqu'à ce qu'on ne sente plus rien de dur ; on les égoutte, on les met dans du sucre bien décuit, et on les finit comme les autres fruits ; mais il ne faut pas les faire bouillir dans le sucre, car cela les ferait noircir, et quand on les a retirées de dessus le feu, il faut les couvrir d'une feuille de papier pour empêcher l'accès de l'air et les faire baigner dans le sucre. Il faut aussi en éloigner le fer, car ce métal les noircit très promptement (Le brou de noix est l'écorce qui recouvre la coquille.)

Orangeat.

On choisit des écorces d'oranges récentes, on les blanchit, on les égoutte et on les confit comme les autres fruits, on finit par les glacer de même que les oranges, on les conserve en un lieu sec. Le citronnat se fait de même.

Petites oranges.

Les petites oranges doivent être piquées, égouttées, blanchies et confites comme les prunes. Il en est de même des petits citrons.

Cerises confites.

On chosit de belles cerises aigres non tournées, on en extrait le noyau avec une plume, on le fait sortir par le trou de la queue et on les dépose au fur et à mesure de cette extraction sur un tamis de crin. On leur fait ensuite prendre un bouillon dans du sucre cuit au petit lissé, on les met dans une trappe, le lendemain on leur donne une façon semblable et on continue de leur en donner une tous les jours, jusqu'à ce que le sucre soit arrivé au soufflé : alors on leur fait prendre un bouillon couvert, on les retire du feu pour les mettre en pot. Étant cuites de cette manière, on peut en tirer au sec pour faire candir, mettre en brochettes et pour garnir des boîtes de dragées.

Cerises à demi-sucre.

On ôte les noyaux par le procédé indiqué ci-dessus à dix livres de cerises aigres, on fait cuire trois livres de sucre clarifié au soufflé, on y met les cerises et on les laisse un peu de temps dans ce sirop ; ensuite on les fait bouillir jusqu'à ce que le sirop marque le perlé : on les retire du feu, on les laisse refroidir, on les égoutte, on les fait sécher à l'étuve sur des tamis, et on les passe après dans du sucre pilé et passé au tamis de soie. Ces cerises servent à mettre en dragées, en brochettes et au candi.

On peut aussi préparer de la même manière toutes les cerises douces ; nous en avons préparé ainsi ; mais il faut toujours y ajouter un peu d'acide tartarique.

Framboises entières.

Il faut avoir de belles framboises, d'un beau rouge et qui ne soient pas entièrement mûres. On fait cuire du sucre clarifié jusqu'à ce qu'il soit au soufflé, on y jette les framboises qu'on fait frémir dedans trois fois ; on laisse refroidir, puis on met en pot qu'on ne remplit pas entièrement pour pouvoir mettre une couche de gelée de groseilles par-dessus.

La dose ordinaire, pour confire des framboises, est d'une livre de fruits pour deux de sucre.

Groseilles de Bar.

On fait choix de belles groseilles, blanches ou rouges, on les égrappe et on leur enlève les pepins à l'aide d'une plume taillée comme pour écrire ; ensuite on opère comme pour les framboises et on étend si l'on veut une couche de gelée de pommes par-dessus les pots.

Marrons glacés.

On prend de beaux marrons de Lyon, on les torréfie légèrement afin de leur enlever les différentes pellicules qui les recouvrent, et ensuite on les confectionne comme les oranges glacées. Il faut que cette confiture soit mangée de suite ; car leur humidité ferait tomber la glace.

Tous les fruits qui sont susceptibles de se confire se préparent de la même manière ; nous proposons de les conserver dans le sirop, et quand on en a besoin pour garnir des boîtes, on n'a qu'à les égoutter à l'étuve pendant une heure ou deux.

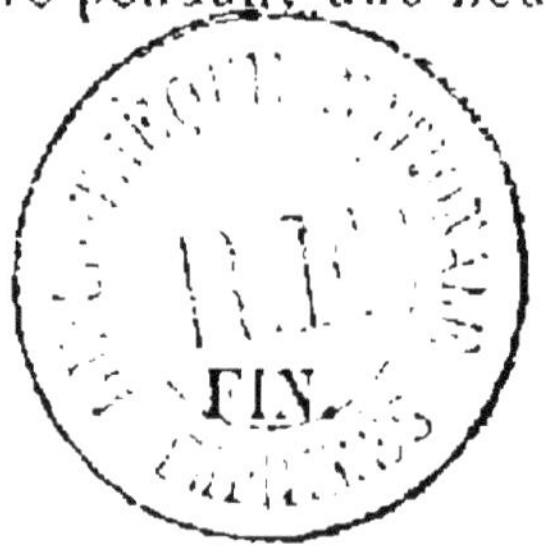

FIN.

TABLE

Avignon. — Imprimerie Chaillot, Place du Change, 5.

www.ingramcontent.com/pod-product-compliance
Ingram Content Group UK Ltd.
Pitfield, Milton Keynes, MK11 3LW, UK
UKHW021047230726
13926UKWH00004B/1709